香海文化

香海文化

香海文化

香海文化

香海文化

香海文化

香海文化

香海文化

香海文化

香海文化

香海文化

香海文化

香海文化

香海文化

香海文化

香海文化

香海文化

香海文化

香海文化

香海文化

香海文化

香海文化

前途在哪裡

人間萬事 6 社會觀

星雲大師 著

【總序】

生命的萬花筒

星雲

「人間萬事」是我繼「迷悟之間」、「星雲法語」之後，在《人間福報》第三個三年執筆撰寫的頭版專欄。所謂「人間萬事」，顧名思義，舉凡人世間的林林總總，包括人情、人性、人心的善惡、好壞之探討，家庭、社會、世間的問題、現象之分析，宇宙、人生、生命的真理、奧妙之窮究……等。

新的一年，「人間萬事」也要結集出版了。香海文化執行長蔡孟樺小姐將這些文章收錄編輯，發現全套書如同「生命的萬花筒」，可用來解讀人生，透見生命的密碼，所以分別以：人我觀、價值觀、人生觀、生活觀、道德觀、社會觀、倫理觀、時空觀、歷史觀、生死觀、生命觀、修持觀，輯為十二冊，期能引導讀者以佛法慧心，欣賞萬花筒般的人間，處處有善美勝景。

世人常說，生命是一門艱深難懂的學問，但是儘管生命深奧難懂，分析起來不外乎「生」與「死」兩個課題。生命的價值就是「愛」，生命的意義就是「惜」。有愛，就有生命；有愛，就有生機；有愛，就有存在；有愛，就有延續。生命不是出生以後才有，也不是死亡就算結束；生命是無始無終，生命是無內無外。生命是活力，是活用，是活動；生命要用活動、活力、活用來跟大眾建立相互的關係。

現在的社會人生，就是一個萬花筒。人有賢愚不肖，有貧富貴賤，有高矮胖瘦，有男女老少，有各種臉孔；事有大事、小事、善事、惡事、家事、國事；社會上有各種社團、各種活動、各種學校、各種語言、各種商店、各種產品……，仔細觀察，真如一個萬花筒，讓人看得眼花撩亂。

由於我們智慧有限，觀察力不夠，對萬花筒裡的社會人生，常常看得意亂情迷，隨波逐流，看不到一個真實的面目，所以，希望藉由《人間萬事》這套書的出版，觀照人世間的林林總總，找到自己真實的人生。

《人間萬事》有理、有事，有知識、有趣聞，有隱喻、有明示，有現象的分析、有問題的探討，希望藉由不同面向的思考，對各種問題的產生，提供另類的看法與正確的新觀念。撰寫這些短文時，無非希望能具體而微的刻畫出人間萬象與眾生實相，就一些世間的問題，引導大眾在談笑風生之餘，進而深思人生的哲理、探討人生的問題，繼而找出突破困境的方法。

承蒙聯合報顧問張作錦先生，知名學者閻崇年教授、陳怡安教授、林水福教授、鄭石岩教授，知名作家游乾桂先生、李偉文先生、歐銀釧小姐、林良先生、謝鵬雄先生、黃春明先生，及歐宗智校長，為此套書寫序，一併在此致謝。

是為序。

二〇〇九年一月十五日於佛光山開山寮

【推薦序】

人類共享的心靈導師

拜讀星雲大師在人間福報刊載的每日專欄，已有一長段時日。這些文章的筆觸，不啻是大師吐納社會脈動的感知。他紀律地每日一文，無形示範了對每日「分別為聖」的虔敬。任何際遇的社會人生問題，在他看來，無不以莊嚴和殊勝對待。筆觸親切，文氣迴蕩於當下的映照，感應現實，像心臟的跳動，不間斷讓人知見「活」的訊息。他將自己常年累月所精磨礪煉出的智慧，供養讀者的觀想和思維，恰似精密的醫學儀器，如實的告知現實社會的糾結所在，提供覺醒，反思和抉擇。他的語態謙和邀約，是分享，也是點化。把讀者牽引在對話的情境中，不帶教訓。大師當然有他的見地和憂慮，但那顆圓融而海納的般若心靈，含容了寬廣、開放和溫潤，誠如香海文化編輯所爬梳整理的發現，星雲大師所展布的，確是「生命的萬花筒」，所關心的無不是「人間萬事」。我恐怕要把文稿類別化，必遭一髮全身的邏輯困境。

有道是：「先器識而後文章。」大師文章背後萌發給我的感動，恆繞於三域中。首先是他那無盡無竭的悲愍觀照。讀他的作品，那怕是已結集成書的系列著作、福報專欄，或與結緣法師們、信眾菩薩們口傳中「不忍聖教衰，不忍人間苦」，無疑是深度感化後匯集而凝合的共同悲願，像磅礡的大江之勢，已然法水長流五大洲。史學家唐德剛教授觀察到人類歷史的發展行程，幾是每五百年會出現一位人類共享的心靈導師，令其精神價值，在慧命傳續的長流中，照拂有情。他預言星雲大師的悲願所化出的行思作為已與歷史因緣和合為現象了。

其次此顆不竭的悲愍心懷，典範了知識份子的社會良知。《論語》點化得好，「為政如北辰，居其所而眾星拱之」，又說：「政者正也」。星雲大師落實了也型塑了太虛大師「人間佛教」的理念，把「人間」定位了興盛佛法的法華世界。數十年來，他念茲在茲的無非就是人間的疾苦。知識份子之所以稱之為社會良心也者，在於對時代社會問題提供先知性的犀利批判，不畏強勢權威。星雲大師則以「不忍心」創造積極的問題轉化和消解。專欄裡的論述觸鬚，無不感應台灣社會已發生或正醞釀的精神病兆，其中有經濟生活範疇內的掙扎和盲昧，如「失業」、「工作價值」、「不景氣」、「社會福利」等等；也有關涉政治管理領域的失衡失見的關懷，如「死角」、「把脈」、「最好的職業」、「接班人」、「管理」等等；更含文化社會脫序、價值紊擾、倫常沉倫的憂心，如「代溝」、「青少年問題」、「新女性」、「前途在那裡」、「壓力」、「自殺」等等。星雲大師，做為一位佛教的宣教弘法的法師，「想當然耳」當以佛法來映照所見之社會脈動，就滑落處，以佛法提攜之，救引之。但我驚異星雲大師的隨喜淵博，他不著痕跡地把古典智慧，那怕是儒家的、法家的、道家的、歷史的、文學的、哲學的、民間典故的，只要是有益啓發、利益眾生的，無不是他文思傳述的「善知識」。他像精湛的雕刻家，把所遭遇的生命厄逆和社會困境，當做素材，雕塑出希望和信心。

最後，特別要闡明的是大師那顆「不忍人」的靈魂背後，含攝了無時不放下艱辛創造的成就，也同時又開展更新更益眾生的未來，他正是「宇宙責任」的典範！他平鋪直述他的關心，以提問而不輕易下結論的文氣，共邀寬廣的智慧；他的未來願景就在當下藍圖著，也在現實的當下照見未來的行徑；他貫穿的慧解，無非就是三世佛的意相啊！

（本文作者為知名教授）

前途在哪裡

人間萬事 6 社會觀

卷一 不可輕

卷二 走出去

卷三 思想訓練

卷四 社會福利

卷一

不可輕

一個人可以什麼都不怕，但不能不怕因果；
一個人可以什麼都不重看，但不能不看重因果。
有的人因為不怕因果，因此作奸犯科，
一旦鋃鐺下獄，就悔不當初了。
因此，因果不可輕，可不慎乎！

了解

各位讀者，大家吉祥！

在社會上做事，事前要做一些訪查、了解，才不致於吃虧。例如，要辦一所學校，對教育了解嗎？想要經商，對商務了解嗎？準備移民，對方的國家，其歷史、現況，你都能了解嗎？凡有所做，都應該先做一番了解。例如：

一、出外旅行要採路：現代人出外觀光旅行，必須先要了解交通食宿，乃至當地的地理風俗、歷史文化等。你了解的知識愈多，對當地的背景有充份的了解，如此不但能收到旅遊、參訪的實質意義，遇事也才能應付裕如。

二、山海開發要勘察：現代的開發建設案很多，不但築橋鋪路、社區開發，甚至還要勘山探海，尋找能源。高山的險峻，大

海的難測，必須要有冒險犯難的精神，還要有地質學的知識、航海學的專業，甚至利用很多現代化的儀器裝備，實地對地形、地質構造、地下資源蘊藏情況等進行勘察，才能有所收穫。

三、**企業投資要調查**：現代的工商社會，很多企業投資，事先都要做一番調查。例如你要投資設立工廠，事先要調查當地的交通、電力、用水、環境等，硬體設備條件夠，乃至工廠資金充足、人事安排健全、產品銷售有既定的市場。經過一番調查，覺得一切都很安全可靠，自己對未來的發展有十足的把握，如此就可以放心投資，而不致於有太大的差錯了。

四、**市場買賣要情資**：現在很多人從事股票買賣，每天都要蒐集許多資訊，隨時掌握股市的動態。其實也不只是股票如此，其他各種期貨、產品，市場競爭的關鍵，最重要的是要掌握先機。你能事先預知市場的需求嗎？你能事前知道物價的漲跌嗎？你對於情資的掌握，都能及時而正確，就可以放心做你的大買賣了。

五、人事調動要周全：團體愈大，機構的人員愈多，人事調動就愈需要做一番了解。因為人事調動，一個蘿蔔一個坑，牽一髮而動全身。平時我們對於財務如何用法、物品如何放法，他都沒有意見。但是人事調動，人有意見，人有分別，人事就沒有那麼容易應付了。因為人有各種的計較，升任、平調、薪資、人和，甚至所要調動的人，他也要考慮家居、交通、前途發展等等，你稍有一點不如他的意，都會引起反彈、抗爭。所以人事的調動是一門很大的學問，在人事的布局上，不但要公平、公正，而且要各方周全，才能皆大歡喜。

六、軍事移防要隱密：世間上無論做什麼事，最需要了解的是彼此的關係。彼此之間，什麼事可以給你知道，什麼事不能讓你知道；什麼事要你幫助，什麼事不要你幫助。甚至我的事要公開、要隱密，都不能沒有深入的思考。就以大軍移防來說，軍事移動，攸關戰局勝負，所以今日舉世都在關心，各個國家的飛彈設在那裡？大軍駐防在什麼地方？軍需物資如何補給供應等。可以說，現在各國都在想盡辦法，希望了解對方的資訊，這就是情報的價值所在。相對的，自己國家的國防機密，一旦不慎走漏了消息，讓對方有機可乘，後果難以逆料，所以大軍移防的隱密，不能不了解其重要性。

人才

各位讀者，大家吉祥！

很多人常說「人才難得」，從國家到社會的大小團體，都希望徵求「人才」。人才並沒有特別的標誌，人才也不是長有二隻角、三隻眼睛、四個耳朵，才叫人才；人才更不一定講話的聲音比較大，或是走路能騰雲駕霧，所以人才者，和我們一樣，人才就在我們身邊。只是，「世有伯樂，而後有千里馬」，你不是伯樂，如何能有千里馬呢？

張良、韓信，算不算人才？諸葛孔明、魏徵，算不算人才？人才，先要看我們「識才」嗎？有「用才」嗎？能識才、用才，才會有人才。

什麼是人才？茲有「八義」提供參考：

一、有計畫而又能執行的人：在佛教而言，人才就是要「行解並重」，所謂「知行合一」，才能成為「福慧雙修」的人才。

二、有信用而又懂因緣的人：「信用」為本，「因緣」為助；有本有助，自然能相得益彰，就會發揮人才的力量了。

三、有身教而又有魅力的人：外在的身教俱全，內在的影響力自然發揮；能內外一如，還怕不是人才嗎？

四、有專業而又肯發心的人：「專業」使人具有了基本的能力，「發心」讓人有了發展的動力；有能力又有動力，兩相配合，自然就是一個人才。

五、有服務而又有熱誠的人：「服務」是利人，「熱誠」是自利；具有利他、利己的精神與力量，怎麼不是人才？

六、有才華而又肯助人的人：有「才華」是他的本錢，肯「助人」是他肯結人緣；資本具足，人緣又豐富，怎麼不成為人才呢？

七、有創意而又有恆心的人：「創意」是求新，不墨守成規，站在時代的前端，不斷更新；「恆心」，就是有持久力。一個具備恆心、毅力，而又不斷求新、求變、求進步的人，事業上能有這種人領導，何患無成？

八、有人望而又肯行善的人：有「人望」，這是道德行儀，為人所知；肯得「行善」，這是普利社會大眾的慈心悲願。既已「眾望所歸」，又能再行善事，這種人還不算是人才嗎？

以上所說的八種人才，其實「天生我才必有用」，任何人只要有好的機會、好的場所、好的因緣，給予信任、給予授權、給予鼓勵、給予資本，再加上具備以上「人才」的條件，還怕不能有所發揮嗎？

人間十怕

各位讀者，大家吉祥！

人有千般苦，其中心有畏懼，「怕」就是苦。因為心生畏懼，就表示沒有辦法應付壓力、災難、痛苦等，所以會產生「身苦」與「心苦」。

說到「怕」，不只人有所怕，世間萬物皆各有剋星，因此也都各有所怕，舉其要者：

一、**蟑螂怕拖鞋**：蟑螂的生命力是很頑強的，平時在家裡的廚房、客廳、廁所等，到處可見牠大膽、放肆的自由出入。但是蟑螂也有所謂「蟑螂怕拖鞋」，人類只要用拖鞋隨手一甩，蟑螂就會應聲粉身碎骨。

二、大象怕老鼠：大象是陸地上身軀最龐大的動物，即連獅子、老虎都要讓牠幾分，但是如此龐然大物，只要一隻小小的老鼠跑到牠的耳朵、鼻子裡，大象就會痛苦不堪，甚至死亡。

三、獅子怕牙籤：猛獸如老虎，尤其一向被稱為「百獸之王」的獅子，雖然在叢林裡可以作威作福，但是只要被牙籤樹的一根小小枝幹刺傷，很快就會皮肉潰爛，不但從此雄風不再，甚至一命嗚呼。

四、**高樓怕地震**：現代人喜歡住高樓大廈，因為通風好、採光佳，尤其可以近觀遠眺，無邊風光盡入眼簾，令人心曠神怡。然而住高樓的人，一遇地震難免膽戰心驚，因為百丈高樓也禁不起天搖地動，一場地震可能就此毀於一旦。

五、**大樹怕刀斧**：古木參天的大樹，儘管飽經歲月風霜的洗禮，依然傲然挺立，枝葉常青；但是如果有人加以刀斧，再壯碩的樹幹也會應聲而倒。

六、**木材怕蛀蟲**：上好的木材可以建房子、作傢俱，然而即使是上等的棟梁之材，一旦有了蛀蟲，很快就會腐朽，無法持久。

七、**房屋怕漏水**：「屋漏偏逢連夜雨」，這是人生最難堪的事，因此一棟外表華麗的房屋，如果有了漏洞，雨水從上澆灌而下，住的人必然苦不堪言，房子也就失去了它的價值與功用。

八、太陽怕烏雲：太陽是距離地球最近的恆星，它能散發光芒，帶給地球萬物所需的溫暖與能源，但是只要一遇到烏雲，威力十足的驕陽也會黯然失色。

九、颱風怕高山：一般人都知道，寒風無孔不入，但是只要遇到高山，即使再強勁的颱風，也無法通過。例如台灣的中央山脈，經常擋住颱風，迫其轉向，所以人生儘管有颱風肆虐，只要我們有高山的意志來抵擋，又何懼哉。

十、暗夜怕燈光：所謂「千年暗室，一燈即明」，再深沉的黑夜，只要點上一盞燈，就能照破黑暗，帶來光明，所以家家戶戶都要點燈，因為有了光明，就能去除黑暗。世間上再強的東西，總是「一物剋一物」，因此即使是英雄好漢，也有所畏懼。古人所謂「敬天畏神」，人尤其最怕良心的譴責，所以「懼怕」一事，豈容疑乎！

小費

各位讀者，大家吉祥！

現代旅遊觀光業十分發達，每個國民普遍都有出國旅行的經驗；走遍世界各國，幾乎都有給小費的習慣。

關於給小費，有人贊成，有人反對，例如美國就是一個習慣給小費的國家，平時上館子用餐，不但倒茶添飯要給小費，就是替你掛個外套、拎個包包，都要給小費。反之，日本人並不贊成給小費，但這不代表日本比較偉大，事實上他們是把小費改為服務費，早就算進消費額裡，由他們的機構代為收取罷了。

給小費好不好？並無定論，但是對於一些在低層服務的員工，

你給他一點小費，他會提供給你更好的服務，所以有些人樂於給些小費，不但能給對方歡喜，也可以提升服務的品質。但在某些國家，小費之盛行，當你進駐飯店，侍者幫你拿行李，你要給小費；進了房間，侍者送來茶水，也要給小費；到了用餐時間，侍者引你入坐，還未開始用餐就要給小費。小費如此繁瑣，也不禁令人心生反感。我個人覺得，隨喜給點小費，還是有存在的必要，因為小費具有如下意義：

一、小小布施：佛教倡導「布施」，但是俗語說「善財難捨」，平時要我們做一些大額的捐獻，有時礙於財力不足，或是性格使然，並不容易真心喜捨。可是給個幾塊錢的小費，負擔不重，卻可以讓我們從小小的布施裡，培養自己的慈悲心，同時提高自己的尊嚴，讓自己的人格、身分都因小費而提昇。

二、**惠而不費**：「小費」顧名思義，所給的金額並不大，以美金來說，一般都是給個一元、二元，所以只要身上有個十元、百元美金，就能到處給小費，對普通出外旅行的人來說，負擔並不太重。若以台幣來說，十元、二十元也不算太少了，隨時在身上放個一百、五百元的零鈔，走到那裡都可以施人一點恩惠，自己又不會太費力，真可以說是「惠而不費」，因此小費的給予，能夠廣結善緣，何樂而不為呢？

三、**養成喜捨**：人之性好貪，「貪得無厭」已經成為一般人的習慣；給小費正可以讓我們養成喜捨的習慣，去除慳貪的惡習。一個人如果懂得喜捨，所謂「捨得、捨得」，能「捨」才能「得」；假如一個國家的全體人民，大家都有喜捨的習慣，能從布施一些錢財的喜捨，到布施善言美語的鼓勵，乃至慈眉善目、滿臉笑容的待人，讓整個社會充滿了人情的溫暖，則人間必能因此而美化。

四、增加和諧：一般來說，小費大都是給低層的員工，由於他們收入少，生活比較困難，能夠適度的給他們一點小費，不但是一種鼓勵，也能幫助他改善生活。相對的，他們獲得了小費的鼓勵，也會加強服務，善待顧客，如此雙方都能以善心美意相對待，必能充滿祥和之氣。

一般而言，基層的勞苦大眾還是占社會的多數，如果我們能從布施一點小費，姑且不論對他們有多少實質的幫助，但至少能表達我們心中對他們的謝意，必能帶給他們歡喜，同時增進人際之間的友誼，間接的也能營造一個和諧的社會，如此小費的價值，不是很有意義嗎？

工作的待遇

各位讀者，大家吉祥！

世間上的工作有千萬種，工作是神聖的，勞動也是應該的。所有勞動的工作，除了心甘情願、自我奉獻的義工以外，各種工作都有報酬待遇。現在各個公司、行號、機關、工廠，人事流動都是為了待遇高低，或是工作輕重。有的人運氣好，找到一個好的工作，不需要怎麼拼命辛苦，就能有高收入。但是有的人運氣不好，奉獻勞力百倍於人，卻是收入菲薄，養家活口都很困難。

過去的社會，無論工作待遇高低，都是論月計薪，有的是以年薪多少計算。但現在時代不同了，另有很多計薪的方式，列

舉如下：

一、論件數計酬：有的人打官司，請律師幫忙訴訟，或是土地買賣時請代書作業，都是按件付費。論件計酬也需要有良知，能把別人所託付的事情做得有所交待，事主花費也才心甘情願。

二、論時間計酬：現在時興打工，都是論時計薪，一小時從八十元、一百元到二百元，甚至五百元不等，看工作的價值高低來計算金錢的多少。

三、論專業計酬：教授教書，作家寫作，甚至汽車的修理，房屋的建築，在各自的專業領域裡，都希望取得應得的報

酬，業主只要事情成功，也都樂意付費。

四、**論才藝計酬**：有些體壇明星，例如大陸的籃球國手姚明，台灣的棒球明星王建民，他們都是憑著特殊才藝，贏得很高的身價。甚至演藝人員的表現，除了人事關係外，藝術的價碼也有公道，例如在好萊塢一舉拿下奧斯卡最佳導演獎的李安，他的待遇就不是一般導演所能比擬的了。

五、**論名氣計酬**：有的公司團體、機關學校等，為了提高知名度，甚至為了取得社會的信任，請個名人來掛名董事長、校長、會長、顧問等，都是看名氣大小而論價。

六、**論關係計酬**：有的事業體，並不需要人手實際參與工作，但還是必需付費僱請一些特定人士，例如特種行業要付保護費、一般公司聘請律師要付顧問費，甚至選舉後酬庸某些人士，可以說政治上也需要付費。總之，世界上沒有白吃的午餐，也沒有不勞而獲的事，所以付費總有一些複雜的因緣與內容。

透過工作獲取待遇，這是社會運轉的正常行為，所謂勞資要均等、公平，如果待遇不公，就會發生「勞資糾紛」，社會問題就會層出不窮。其實現在社會上有一種現象，並非待遇高，工作效率就能提升，有一些拿高薪的人，混世混時，並沒有認真負責，反而一些義工，分文未取，卻是賣力工作，所以不要迷信待遇萬能。但看今日義工的表現，我們確實應該打破這種迷思。

已婚男女相處

各位讀者，大家吉祥！

由於時代變遷，現代社會不但男女工作機會平等，交友機會也平等，因此常見一些同在一個公司上班的男女同事，由於日久生情，發展成為男女朋友。如果是男未婚、女未嫁，男女交往當然樂觀其成，萬一男女雙方都已有了家室，則容易發展出婚外情，自然不是好事。所以已婚男女相處，有一些應該注意的事項，茲提供五法，作為參考：

第一、夫妻以外的男女朋友，不要「一對一」相處。也就是不要單獨外出，或是單獨共處一室，以避免別人說閒話。

第二、不可擠眉弄眼。因為雙方既然都已各有婚姻，彼此既不是戀人，也不是夫妻，就不要眉目傳情，否則互相擠眉弄眼，不但有失莊重，而且引人遐思。

第三、不能輕浮的打情罵俏。一旦次數多了就會成為習慣，而且一次開玩笑、二次開玩笑，之後就會得寸進尺，所以要防範未然。

第四、不宜竊竊私語。這是社交基本禮儀。平時在公眾場合，如果兩個人經常交頭接耳，竊竊私語，都會引起別人的反感，何況已婚男女，如果經常在一起講悄悄話，更會引人懷疑。

第五、不共金錢往來。朋友相交，

有時候對方有了困難，適時給予一些金錢上的幫助，無可厚非。但是平時最好不要共金錢往來，因為錢財容易造成糾紛，致使好友反目成仇，尤其男女朋友之間，一旦牽涉到金錢，容易糾葛不清，遭人議論。

第六、不要禮物相贈。如果有特殊的原因，必須對其他異性贈禮以謝，最好透過丈夫或太太帶給對方，也就是要得當才可以，不要私下餽贈，以免引起不必要的誤會。

第七、不要談論家私。因為談談就容易有了交情，進而日久生情，所以不要造成私密往來。

總之，現代社會開放，男女平時交往、接觸的機會增加，發生婚外情的頻率也相對提高。為了防範未然，故而已婚男女交往，應該注意應有的禮節與分寸，以免破壞家庭的和諧。

思君令人瘦
毛病處即特色處、這比較難學
小魚

不一

各位讀者，大家吉祥！

世間上的萬事萬物，都有差異，都有不同。山是山，水是水，牛是牛，馬是馬，這許多的差異，都不能混同一談，都要尊重它們本然的不一致性。

馬長於奔跑，牛善於負重，你叫馬來負重，叫牛來奔跑，沒有隨順牠們的生性功用不同，就是對牠們的不尊重。山要穩，不要動，山如果移動，大地如何能安全？水要流動，海洋的水如果不流動，成為一灘死水，世界會跟著改變。

世間上，同樣是人，但是有智愚不同，有善惡不同，有性別不同，尤其「人心不同，各如其面」，所以我們要認識人性、人心，對於人的長短，要量才為用。所謂「人盡其才，物盡其用」，因為世間上有許多的不同，有許多的差異。

所謂不能一致，不能平等，這是由於心理、物理、生理、事理上都有差異，所以要能尊重不同，要在異中求同，彼此相輔相容，才能適應這個宇宙世界。

世間有各種「不同」沒有關係，但做人有了「不一」則不行，例如：

一、表裡不一：人的心中有萬種思想，但不能在外表上流露出來，例如心中對某些看法憤然，但表面上也要裝得若無其事，甚至還要面帶笑容，這就是表裡不一。有的人外表對你畢恭畢敬，甚至說著恭維的好話，但內心實際上是輕視你、藐視你，這就是表裡不一。在我們的日常使用品當中，有的外觀裝金鑲銀，但是「金玉其外，敗絮其中」，這都是表裡不一。因為表裡不一，所以社會上、人際間，明升暗降、明褒暗貶、明就暗拒等情況，也就不足為奇了。

二、親疏不一：世間上的人，對親疏差異的分別最為嚴重了。是親人，什麼都是好的，歷史上的王朝，都是用親人、親戚、親族，於是多少宮廷災難因此發生；是疏遠的，就拒之於千里之外，不讓他親近，即使良相賢臣也不獲重用，只因不是同黨同派。黨同伐異，這是人間戰爭的起因之一，如果用人能夠「內舉不避親，外舉不避仇」，唯才是用，大家能去除親疏不一的分別、執著，那麼用人做事，就會更加周全了。

三、言行不一：言行一致與言行不一致，是兩個極端。做人如果有言行一致的習慣，會令人信賴，受人尊重。優秀的人，都是說到做到，甚至做了不說；如果想要混世的人，就會說一套，做一套。言行不一的人，說的是一回事，做的又是另外一回事，滿口的仁義道德，做出來的都是邪端異行。言行不一的人，能夠矇騙別人於一時，不能瞞人於永久，但是人生的路是漫長的，所以言行一致才能走得更遠。

四、前後不一：說到前後不一，如果前面的言行錯誤，加以改進，後面變好了，應該是值得嘉許的好事。所謂「過去種種譬如昨日死，未來種種譬如今日生」，遺憾的是，有的人做人前後不一，如王莽忠君愛國的面具下，原來包藏禍心，企圖篡位，所謂「虎狼之心」，最後終於露出狐狸尾巴，終致被人唾棄。一個人如果做人前後不一，一旦被人識破，不但人格掃地，未來的前途發展，其艱難也就可想而知了。

不可輕

各位讀者，大家吉祥！

佛經裡有「四小不可輕」，說明：一、小小的水滴不可輕，因為滴水可以穿石，滴水匯聚可以成為大海；二、星星之火不可輕，因為星火可以燎原；三、女童不可輕，因為小小女童將來可以當皇后，成為一國之母；四、小沙彌不可輕，因為今日之沙彌，是乃他日之法王，所以不可輕。

從「四不可輕」，放眼世界，不可輕視的事物還有很多，茲舉其例：

一、少數民族不可輕：因為一個民族，不管大小，都有他的文化、語言、習慣，在世界地球上，也等於人間的一朵花，要看到他的美麗，不可予以輕視。

二、殘障人士不可輕：世間上多少殘障人士，殘而不廢，如海倫凱勒、貝多芬、乙武洋匡，以及最近大陸盲啞人士演出的「千手觀音」舞台劇等，都表現出「身殘心不殘」的堅毅生命力，令人敬佩。

三、貧苦書生不可輕：今日是貧苦書生，將來可能成為學問專家；即使不是書生，如民間俗語說：「爆灰也有再發熱的時候」，所以就算是一般的貧苦人士，也不可輕視。

四、婦人女性不可輕：歷史上，女媧補天、嫘祖養蠶、孟母三遷、岳母教忠、木蘭從軍、緹縈救父等；現在的各行各業，多少女強人，他們傑出的表現，都證明女性不可輕。

五、落難人士不可輕：有的人時運不濟，一時窮途潦倒，但是他們人窮志不窮，一旦風雲際會時，更能成就不世之功業。例如，受「胯下之辱」的韓信，不也能築壇拜將封侯？朱元璋當初落魄得衣食不全時，誰又能料想得到，日後他竟能成為一代的開國之君呢？所以落難之士不可輕。

六、生命不可輕：每個人的生命只有一條，所以必須好好珍惜。

生命如幼苗，必須好好愛護，才能茁壯長大；生命如同一朵花，你能好好維護他，他就能開得燦爛、持久。生命無比珍貴，一個人將來升天、成佛作祖，都是靠生命之根源，如果殘殺他、虐待他，都是殘忍之至。

其實，世間上最不可輕視的，應該是「因果」，所謂「善有善報，惡有惡報」，任何事都有「因果」，而且分毫不差。所以，一個人可以什麼都不怕，但不能不怕因果；一個人可以什麼都不重看，但不能不看重因果。有的人因為不怕因果，因此作奸犯科，一旦鋃鐺下獄，就悔不當初了。因此，因果不可輕，可不慎乎！

不如歸去

各位讀者，大家吉祥！

在《古文觀止》裡，有一篇陶淵明的作品《歸去來辭》，可謂名垂千古。陶淵明因為不願在官場裡為五斗米折腰，因此興起了「不如歸去」之念。從文中「舟搖搖以輕颺，風飄飄而吹衣，問征夫以前路，恨晨光之熹微。」可見其急於歸去的迫切之情，溢於言表。現代人有時在公司行號任職，或服務於公事門中，偶爾也會因為事與願違，因而興起「不如歸去」之念。究其心理，不外乎以下幾點：

一、不受重用：有的人在某個單位服

務，感覺自己懷才不遇，有志難伸；既然不能受到主管的重用，也就不願再浪費時光歲月，便想另謀發展，所謂「此處不用人，自有用人處」，因而有「不如歸去」的想法。

二、不被尊重：有的人從事工作，待遇微薄可以接受，「不被尊重」的感覺難以忍受。所謂「士為知己者死」，人都希望受人尊重，當他感覺主管了解他、信任他、重視他，他也會鞠躬盡瘁加以回報；如果感覺不受重視，即刻意興闌珊，心灰意冷，當然興起「不如歸去」的念頭。所以主管用人，能得一個人才，應該給予尊重。

三、**不給因緣**：部屬追隨領導人，為其奉獻心力，領導者也要給屬下因緣。例如，讓他有進修、升遷的機會，讓他對前途感到希望無窮，覺得在此服務有很多機會可以發揮所長。如果部屬覺得主管不給因緣，讓他看不到希望、前途在那裡，因而有了「不如歸去」的想法，那麼離你而去也是遲早的事。

四、**不能適應**：有的人在工作上適應不良，例如對工作的時間、工作的環境、工作的性質，乃至與同事相處發生困難，但又沒有解決的管道，當然就會動起「不如歸去」的念頭。因此，只要是人才，我們要讓他適應環境，領導者也要讓環境來適應他，彼此相互適應，就能如魚得水、如鳥居山林，就不會有「不如歸去」之歎了。

五、**不能發展**：每一位工作者都希望自己在工作上能有所發展，能夠施展抱負，大展鴻圖。可是有一些團體機構，暮氣沉沉，都是任用一些老邁的人居高位，讓後進者覺得無法發展。例如韓信夜離漢營，就是因為感覺前途得不到發展，所幸「蕭何月下追韓信」，讓劉邦築壇拜將，終能展其抱負。發展是生命的延伸，一般仁人義士都把事業看得比生命重要，所以讓工作者找到施展抱負的舞台，自然不會有「不如歸去」的舉動。

六、不能生根：有的工作者在團體裡找不到歸屬感，他覺得自己只是一個過客，無法落地生根，不值得在此終身奉獻，自然會時時動念「不如歸去」。因此，無論國家或團體，經常走馬換將，讓工作者沒有安定感，隨時都作好離去的準備，如此不能留住人才，國家、團體又如何能發展、興隆呢？

因此，總上所說，身為領導者如果能夠重視人才，讓他捨不得離開，自然不會有「不如歸去」之舉了。

不當的感情

各位讀者，大家吉祥！

人又稱為「有情眾生」，人類是有感情、有愛心的動物，所以能為「萬物之靈」。但是愛情要愛的正當，愛的合理，愛的合情；如果愛得不當，愛不但不能幫助自己，反而陷身在「愛河千尺浪，苦海萬重波」當中，將會苦不堪言。茲舉「不當的感情」如下：

一、婚外情：世界文明的國家，大都實施一夫一妻制，因為感情單純，才能幸福。假如在一夫一妻之外有了婚外情，男女雙方必

定認為對方不忠於自己，難免醋勁大發，則家庭一旦「酸氣四溢」、「異味難聞」，必定難以幸福。因此，美國風氣開放，男女可以自由離婚，之後正正當當再婚，這也不失為正當的解決之道。

二、三角戀：年輕的男女，有時不善於處理感情，往往陷身在三角戀情當中，紛爭不已，痛苦不堪。旁觀的人會說：「天上的星星千萬顆，世上的人兒比星多，為什麼戀愛只要他一個？」但是當局者迷，對愛情的執著，一旦到了「非你不嫁」、「非妳不娶」的階段，癡情的男女可能鬧出多少事端來，都是難以預料。

三、同性戀：同性戀合法與否，姑且不談，只是同性戀總被一般衛道之士評為不正常。因為天生萬物，所謂乾坤、陰陽、雌雄，總是相互配對，一個對一個。中國人講「珠聯璧合」、「琴瑟和鳴」，男女雙方，情投意合，結為夫妻，彼此恩愛，生兒育女，才能建立正常的家庭。假如同性戀，怎麼傳宗接代？怎麼受社會認同，怎麼成為合乎倫理的正常家庭呢？所以對於同性戀者，我們雖然寄以同情，但是在人間，凡事還是要正常，才能有一個合法的定位。

四、老少配：自古以來，男女婚配，在年齡上雖然沒有嚴格的限制，但總是男女相差無幾，如果彼此相差十歲、二十歲，就會遭人議論。然而現在的社會，偶見七、八十歲的老翁，迎娶二十歲左右的妙

齡女郎；或八、九十歲的老嫗，也能招贅二、三十歲的年輕小伙子。所謂「白首偕老」，像這樣的結合，能有長遠的未來嗎？

五、私生子：世間男女問題很多，有的損及上一代父母的面子，有的影響下一代兒女的人生，像「私生子」自古有之，今日尤盛。現在常見一些未成年的小媽媽，生下兒女後，將私生子遺棄在醫院、路邊，甚至丟進垃圾桶裡，真是令人聞之不忍。可以說，今日社會男女因為不當感情，不只造成自己人生的重重痛苦，而且衍生出種種的社會問題。

除了上述所舉不當的感情以外，其他如同居試婚、借腹生子、不當亂倫、性交易等各種男女問題，千奇百怪，不一而足。希望今日人類學者，對新道德的建立，能夠多費一些心思，能為新人類樹立一些新的道德觀。

五子登科

各位讀者，大家吉祥！

中國人一向重視「傳宗接代」，尤其希望兒女能「光大門楣」，所以總說「有子萬事足」，甚至把「五子登科」視為人生最高的境界。所謂「五子登科」，根據《宋史‧竇儀傳》所載，宋代的竇禹鈞有五個兒子，竇儀、竇儼、竇侃、竇偁、竇僖相繼及第，所以稱「五子登科」。現代一些富有人家，以擁有「車子」、「房子」、「金子」、「妻子」、「兒子」，視為人生最大的福氣，因此稱為新的「五子登科」。

此外，現代有一些新移民到了美國，一時無法適應新的生活，甚至成為語言不通的「啞子」，電話不會聽的「聾子」，電視不會看的「瞎子」，車子不會開的「跛子」，整天只能待在家裡等兒女的「孝子」，於是就成為另外一種現代的「五子登科」，茲略述如下：

一、有字看不懂的「瞎子」：新移民到了美國，乃至歐洲、澳洲等地，對當地的外文報紙，以及各種書籍，一個字也看不懂，這時才發覺到中文的可貴，可是已經來到他鄉異國，做了有字看不懂的瞎子，又徒歎奈何。

二、有音聽不會的「聾子」：美國的電視水準很高，美國的電影也是世界之冠，美國的音樂更是領導風潮。但是新移民到了美國，因為語言不通，電視演什麼一概聽不懂？電影的情節再動人，音樂再美好，他也欣賞不來，就像聾子一樣，每天只有聽到馬路上汽車來往的聲音，聽到空中飛機飛過的噪音，所以做了現代聾子也無可奈何。

三、有話說不出的「啞子」：在美國要會說英語，在歐洲要會說德文、法文，甚至義大利文等。但是新移民除了會講本國的方言，其他一概聽不懂。因此，有人到了美國，美國人見面都會禮貌的主動打招呼：「Hello」、「How are you」、「Good morning」等，新移民聽不懂，自然不會回應。甚至還沒有到美國本土，就在中途島的夏威夷，夏威夷人見面更是熱情的用「Aloha」和你打招呼，代表歡迎的意思，但是多數新移民也不懂什麼意思，所以就像啞子一樣，連說話表達的能力都沒有了。

四、有路行不得的「跛子」：美國的道路，尤其高速公路之多，居世界第一。美國人每天開車在如同蜘蛛網的高速公路上，穿梭來往，絡繹不絕。就是市區的道路，也是一樣暢行無阻，往來方便。但是美國人絕少走路，因為已經習慣以車代步，所以東方人或新移民到了美國，不會開車，或者即使會開車，但不會認路，一樣如同不會走路的跛子一般，因此除了無奈，還是無奈。

五、在家等兒女的「孝子」：有些新移民的父母到美國探親，指望與子女團聚，享受天倫之樂。但事實上，兒女每天要上班，尤其在美國，人人講究「工作第一」，無不拼命賣力工作，希望多賺些美金，以維持家計。對於年老父母來到美國，兒女實在沒有時間陪他們參觀旅遊，倒是父母可以幫兒女看家、煮飯、掃地、整理庭院、修剪花草等，每天在家守候兒女回家吃飯，十足成為兒女的「孝子」。

有人嚮往移民，移民到美國固然很好，但是有人說，美國是兒童的天堂、青年的戰場、老人的墳場。綜觀上述，年老的人依親移民到美國，除了做「瞎子」、「聾子」、「啞子」、「跛子」、「孝子」之外，還能做什麼呢？

手機問題

各位讀者，大家吉祥！

世間上，除了佛法般若是純善，沒有絲毫的缺陷以外，世間萬法，任何學科，都有利弊。例如，科學發明手機，造福現代人，讓人際往來真是「天涯若比鄰」，尤其遇有緊急事情，手機找人最為方便，各種連絡，手機更是迅速。

現在的社會，幾乎到了人手一機的地步，甚至一人數機。但是手機也會衍生出一些問題，手機出了什麼問題呢？略述如下：

一、助長犯罪：手機像個隱形人，他找你非常容易，你找他，他有種種的方法躲避你的追查，所以近年來有一些不肖份子，利用手機

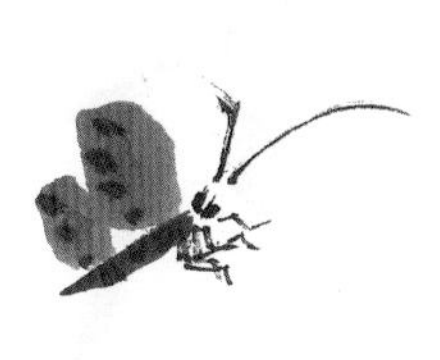

詐騙，手段之高明，令人歎為觀止。雖然現在一般民眾對詐騙集團的手法，已經普遍具有警覺性，卻仍然有不少人上當受騙，真是道高一尺，魔高一丈。尤其常見一些綁票案，擄人勒贖的歹徒更是利用手機沒有固定據點的特性，藉他來遙控取款。只是這些歹徒儘管能得逞一時，最終還是難逃法網制裁。

二、車禍增多：由於手機聯絡方便，許多駕駛人經常一邊開車，一邊使用手機通話，可是開車時接聽手機容易分心，也因此交通事故頻仍。政府雖然三申五令，規定開車不能拿手機講電話，但是政令歸政令，駕駛人為了方便，忘記了危險。這大概就是人類的通病，也就是不見棺材不掉淚，不遇危險不知利害。可是仔細想想，拿一期的生命，換取一時的方便，值得嗎？

三、**製造噪音**：手機雖然連絡方便，但在公共場所，人手一機，這裡在大聲講電話，那裡也傳來高分貝的講電話聲，擾人的噪音無休無止，所以現在公共場所，尤其開會前，都會宣布「關手機」。乃至搭乘飛機，也都有嚴格的規定，不可開機，以免干擾電訊，造成飛安事件。

四、**影響健康**：手機拉近了人際關係，但是由於手機使用時會發射一種輻射線，對人體健康有害。根據報導，一些住在基地台附近的民眾，容易罹患怪病，甚至經常使用手機，也會耳鳴心悸，產生很多毛病，所以手機究竟對人有益還是有害，就看個人怎麼評定了。

五、家庭失和：手機不但可以用來通話，還能傳簡訊；一首詩、一段充滿情意的話，很容易讓人迷醉。現在男女問題已經很多了，加了手機的推波助瀾，致使「婚外情」愈來愈普遍。一個幸福的人生，美好的家庭，只為了手機從中作怪，造成無法彌補的損失，說來實在不划算。

總上分析，我們不否認手機為現代人帶來的方便，但是如果弊多於利的時候，就不得不重新商榷了。一般人往往為了一時的方便，造成終生的懊悔，就如手機，只是看到手機的方便，不顧手機之害，所以奉勸使用手機的人，對於手機之弊端，不能不多加注意，最好能用得方便，也能用得安全。

主管十事

各位讀者，大家吉祥！

在公司、機關、工廠裡做部屬很難，其實，當主管也不是容易的事。當主管的人應該具備那些條件、能力呢？茲有「主管十事」，略述如下：

一、**賞罰公平**：對待員工，不能私心、偏袒，要一視同仁，待遇要平等，當賞則賞，當罰則罰；能夠「賞罰公平」，大眾無有不服，這就是好領導。

二、**能負全責**：做主管的人，不要把責任推卸給部屬，自己要勇於擔當；甚至能代部屬受過，更能贏得眾人的歸心。

三、**指導有方**：既為主管，對工作的程序內容，應該了然於心，部屬有所請示，要明確指導，一是一，二是二，不要反覆不定，改來改去，否則屬下難以信服。

四、**量大能容**：部屬偶有錯失，只要不是常態性的，能掩護他一時無心之錯，他會感念你的包容，必然更加賣力

工作。

五、**學養豐富**：做一個主管，要能眾望所歸，不但學問要在眾人之上，尤其要有修養，禮貌要周到，讓人心悅誠服，接受你的領導。

六、**愛護屬下**：屬下不是牛馬，不是天天來接受喝罵的，部屬也有尊嚴，要用鼓勵代替責備，用指導代替命令，則屬下無不感佩。

七、**同甘共苦**：做主管的最忌居功諉過，榮譽、成績都是自己獨享，困難、錯誤留給屬下承當，這是最不得人心的主管。好的主管要與眾同甘共苦、榮辱與共，甚至比部屬更能接受委屈，更能吃苦耐勞。

八、**以身作則**：在公司裡，主管要能以身作則，舉凡愛護公物，勤勞奉獻，都要以身作則。能夠「以身作則」的主管，凡事不言而教，更能讓部屬敬重。

九、**觀機授權**：主管對部屬的能力、性格，要充分了解，有機會要給予授權，有因緣要加以提拔，讓他覺得跟這個主管有希望，他就會安心奉獻。

十、計畫周詳：明天的事，今天要做好計畫，甚至半年、一年、三年後的事，都已在計畫之中；大眾在了解計畫後，各自分工合作，則能無事不成。

一般說「主管難為」，因為從管理學來講，管理機器、錢財、物品、材料，他們都不會有意見，也不會反抗，自然比較容易管理；唯有領導一群人，彼此各有思想、各有作法、各有主張，所以主管一定要高過他們，要能攝受他們，才能讓他們接受領導。

其實，一個好主管要不時為部屬設想，讓部屬主動為主管分憂解勞，如此上下交流，彼此互助，這才是最成功的領導人。

代言人

各位讀者，大家吉祥！

現代社會，人際往來頻繁，有時候開會不能親自出席，找一個人代表出席，和政府的文書往來，如刑事訴訟、土地契約等，找一個律師、代書當代言人。代言人有的代表國家發言，有的代表團體發言，有的代表事業發言，有的代表自己說他該說的話。

代言人多數都是兼代的，但也有專業的代言人，像現在的機關團體都有發言人，代表機關團體對外發表意見。代言人必定具有代表性，必然有他的重要地位。現代社會有些什麼代言人呢？

一、替產品廣告的代言人：現在是個廣告的時代，一種產品問世以後，要能行銷，要讓消費者接受，必須透過廣告周知大眾，所以廣告成為產業界和消費者之間的橋梁。廣告要能打動人心，要能取信於人，才能吸引消費者購買，所以產業界作廣告，都會找很多名人來代言，尤其是大眾所熟悉的公眾人物，由他們來為產品廣告代言，往往能收到很大的效果。不過，廣告切忌誇大不實，只要能把產品的特質、功效如實傳達給消費者，而產品本身真的能做到品質保證、貨真價實，才是最好的廣告。

二、替父母訴求的代言人：一個家庭裡，大都以父母為一家之主，他們在親族、朋友之間，或有一些難以表明的話，這時候子女就要站出來，委婉的為父母代言。我們常聽到一些青年男女說：家父、家母希望怎樣……。兒女不但替父母向親族、朋友代言，有時甚至代向信仰的宗教教主祈福，希望父母健康長壽，希望父母福慧增長，希望父母自在平安，希望父母少煩少惱。兒女能為父母做這些代言、訴求，必然是一個孝順的乖巧兒女。

三、**替眾生請命的代言人**：在上個世紀有一位漫畫家豐子愷先生，出版了一套《護生畫集》，內容都在勸人不要任意殺生，共同保護動物。如他漫畫中所說：「勸君莫打三春鳥，子在巢中望母歸」。又說：「欲知世上刀兵劫，但聽屠門夜半聲」等等，這些都是在替眾生請命，為牠們代言泣訴。再如現在一些弱勢團體，乃至不少手腳殘疾、五官不全的殘障人士，他們的生活充滿辛酸悲苦，亟待世人關懷、贊助。甚至現在有很多低收入戶，乃至低階的勞工，如薪水微薄的清道夫等，我們都希望社會能看到他們，為他們代言幾句，讓社會大眾共同付出慈悲關懷，這是功德無量的善事。

四、替公益發聲的代言人：當今社會從事公益的人士日漸增多，如各種基金會、各種慈善團體、各種養老育幼的機構等。很多從事公益、服務社會的善心人士，他們並不一定很富有，並非人人都是開銀行或開公司的大老闆，他們也只是抱著不忍世道衰、不忍眾生受苦，所以慈悲勇敢的站出來，為苦難的眾生發聲，讓大家感受到世界的慈悲、和諧。因此，我們希望社會大眾，人人都能主動的為公益、慈善、宗教團體發聲，間接的也是為苦難的眾生代言、傾訴。

代溝

各位讀者，大家吉祥！

世間上的芸芸眾生，每一個人都想做好人、做善人，做個能幫助別人的人，但是由於世間有許多「不同」，造成人與人之間的「代溝」，產生了不可想像的世間之艱難。首先，即使親如父母兒女，也因為成長的時代背景不同，產生思想的代溝；宗教徒之間，因為信仰不同，造成互不交道的代溝。此外，由於居住的空間不同，造成你非我類的代溝；所受的教育不同，造成智愚賢不肖的代溝。

世間上，國家和國家有代溝，種族和種族有代溝，甚至同行之間也會相忌；不管是你我不同的鴻溝，或是你我相碰的衝突，都造成人間的不幸。由於「不同」造成的代溝，也讓一些社會專家、人類學者束手無策。現在茲將造成代溝問題的原因略說如下：

一、**年齡懸殊**：過去古人有「敬老尊賢」的倫理觀，雖然時代不同、年齡不一，但對老年人的尊重，有一定的道德觀念。現在的年輕人，生長在知識爆炸的時代，觀念裡已經沒有什麼社會領袖，什麼

家族長者，也沒有德高望重的觀念；現在的年輕人好像都住在「棄老國」裡，老年人由於不受青年人的尊重，也慨歎「人心不古」，所以對年輕人也儘量避之、遠之。因此，現在社會忽然產生很多養老院，老人家寧可把自己交給社會救濟，寧可自己養活自己，也不再希望享受三代同堂、五代共住的樂趣了。現在我們不但希望年齡不要疏離了人性，更希望建設「家有一老，老人是寶」的觀念，也希望年老的長者，本著傳道、傳賢、傳宗接代的精神，老少相互忍耐，相互幫助，如此才能共生共存。

二、**語言隔閡**：造成人間代溝的另一個重大因素，就是語言的不同。世間上有數十億的人口，除了普遍應用的英文、中文等數十種語言之外，其他地方的方言，少說也有幾百萬種。由於語言的隔閡，造成了彼此的誤解，很多的差

異、誤會因此發生。尤其現在許多國家的人民，對自己本國的語言、文字，有一種偏愛、執著，廣東人只肯講廣東話，福建人只肯講福建話。在歐洲，行走在法語系的國家，就是講英文買飛機票，他也要給你刁難；在德語系的國家，你用其他語言與他們溝通，就好像矮了半截。所以，世界各個種族，因為語言不同，不能互相尊重，如此要想促進世界和平，人類想要共同攜手，彼此尊重，相互包容，實在很難。未來我們希望藉由聯合國，最好制訂一種世界統一的語言，或許還有團結和平的希望。

三、文化不同：世界的代溝之造成，文化不同也是重大的因素。因為氣候、信仰、文字、生產、風俗不同，造成了大家生活文化的不同，就好像飲食習慣，酸甜苦辣各有愛好。但是我們希望，儘管文化不同，彼此還是應該互相尊重，我尊重你的文化，你尊重我的文化，河水不犯井水；世界之大，文化之複雜，應該相互尊重，相互融合，相互接受，千萬不可用自己的文化去壓迫別人的文化，否則只會引起戰爭，天下大亂。

四、思想差異：基本上，造成代溝的原因，還是從思想差異而來。同是一家人，因為政治理念不同，產生多少差異；宗教信仰不同，也有多少差異。甚至生活習慣也有差異，當然，研究的學說、知識，就更是「人心不同，各如其面」了。思想差異的不同，看起來也是沒有辦法「必求統一」的。過去政治上常常求思想上的統一，反而造成亂源，不如容許思想差異的存在，讓他「同中存異，異中求同」，或許還能讓大家相安無事呢！

加工

各位讀者，大家吉祥！

現在社會工商發達，公司行號不斷增多，尤其加工廠到處林立。台灣的加工出口業，曾為台灣帶來繁榮的經濟。任何產品經過加工以後，品質會更精緻、更完美，所以社會人生有許多需要加工的，試論如下：

一、食品的加工：在加工事業中，食品加工與民生關係最為直接而密切，例如奶粉、乳酪、蔬菜、水果等食品加工。經過加工後的食品，不但保持新鮮，而且增加美味，所以極受消費者歡迎。尤其食品加工，對季節性的蔬菜、水果等農產品，有調節供輸的功能，對人民生活的改善，可說功不可沒。

二、產業的加工：現在的加工品當中，最重要的就是產業加工了。過去水泥廠只出產水泥，現在水泥廠還出產水泥磚塊、水泥爐灶、水泥桌椅、水泥消波塊、水泥預立梁等。另外，木材加工廠不但替人製造傢俱、門窗，甚至整棟房屋都可以利用木材加工完成。現在的社會，所謂產業起飛，不能忽視這些產業加工廠的貢獻。

三、自然的加工：現在自然界需要環保，環保就是替自然界加工。為防止土石流，不但不能濫墾濫伐，而且還要為山坡造一些加勁格網，就是為環保加工。河川保持通暢，不能亂丟廢棄物污染河川，這也是為山水加工。保護飛禽走獸，不破壞生態，使牠們能自然生存。凡此種種，為大自然環保加工，大自然才能與人類長久共存。

四、教育的加工：「人非生而知之，乃學而知之」，教育、學習，就是為自己加工。現代的教育，不比過去的私塾，只有一個老師教你認字、背書；現在的教育，各種相關的知識，要互相平均學習。不但如此，現在尤其注重教育加工，例如增加圖書設備，增加戶外教學，讓學生到外地，甚至到國外參觀、見習，乃至邀請特殊的社會精英來校講演，這不都是教育的加工嗎？當人生受到教育的加工，當然學習的智能必定增強。

五、知識的加工：學生作文，必定經過老師修改；老師的修改，就是為學生的文章加工。平時要參加各種考試，讓你重新多次複習，就是讓你自己對知識加工。現在為了讓年

輕人知識加工，複習的課本、補習的課程，甚至到工廠裡實習、繳交學術論文等，這都是要讓你的知識不斷加工進步。

六、**人生的加工**：在許多加工當中，人生的加工可能是最重要的了。從童年入學，就希望進學校加工，讓自己的學問、知識快速成長。其實，人生要加工的豈但只有教育而已，更重要的是，人格要加工、道德要加工、禮儀要加工、知見要加工。人生不能孤陋寡聞，不能一成不變，人生必須經過父母、師長、朋友、社會，不斷給予護持、學習，尤其使其能自覺、自我約束、自我管理、自我加工。就如人的身體，到了睡眠時，五臟六腑都要為自己修復，增加能量，恢復功能。我們的心智，平時怎麼能不用思想、心力加工，讓自己更進步、更成長呢？

包袱

各位讀者，大家吉祥！

人打從出生之後，就開始背負了很多的包袱，包括生活的包袱、情感的包袱、責任的包袱、歷史的包袱、傳統的包袱等。想想，人類也真是偉大，身上揹負了那麼多的包袱，還得想辦法表現得輕鬆自在，不為包袱所苦，不被包袱所壓倒，實在是不容易。

仔細算算，人生究竟有些什麼包袱呢？

一、兒女的包袱：天下父母心，父母對子女的付出是無怨無悔的。在兒女的成長過程中，不但要承受他們的調皮搗蛋，還要擔心他們的身體健康，忙著賺取他們的學費、生活費，甚至兒女長大了，還要擔心他們的事業、婚姻。儘管包袱如此沉重，只要看到兒女過得幸福快樂，身為父母的還是心甘情願的一肩扛起包袱，並且甘之如飴。

二、人情的包袱：人情是人與人往來的基礎，逢年過節要送禮，升官調職要祝賀，婚喪喜慶要致意，親友生病要探視，這一切無非都是為了維繫人情。做人要通達人情，但是如果被人情所絆，「人情緊過債」，那就苦惱了。

三、職業的包袱：有幸找到一份適合自己的職業，是再歡喜不過的事，但是隨之而來的，就是必須面臨工作中的壓力。職業不是讓你享清福的，是要你辦事的，不管從事哪一種職業，都要全力以赴，即使遭遇挫折，也要勇於承擔、化解，才能樂在工作中。

四、健康的包袱：擁有再多的金錢，如果沒有健康的身體，也無從享受。身體健康是人生第一要務，如果不慎生病了，不但要向公司請假，不能上班，甚至住院醫療，還要花上一筆錢，尤其生病要人照顧，增加別人的麻煩，所以健康的包袱豈會不重。

五、學業的包袱：現代的社會，不但學生要讀書，各行各業從上到下也要不斷進修，上司一聲令下到哪裡進修，不得不將工作做最快的調整、生活作息立刻轉變。除此，上了課還要寫報告，要作研究，要經常考試，這雖然都是包袱，但是對個人工作情況的改善卻大有幫助。

六、生活的包袱：單位裡，有工作上的包袱；家庭裡，有瑣事纏身的包袱；社會裡，有人際相處的包袱。即便是富裕生活帶來許多方便，

但是有的人還是不滿足，或是錢財過多，擔心被偷被搶，這些都是包袱。

七、愛情的包袱：愛情看似甜蜜，但有時愛的不當、愛的不對，也會成為包袱。一旦結了婚，婚姻變了調，更是增加包袱的重量。

八、煩惱的包袱：凡夫就是個煩惱的動物，時而多愁善感，時而胡思亂想，經常在許多或有或無的小事上著眼，不但把自己壓得喘不過氣來，也造成心理上很大的負擔。

除了以上這些包袱，還有文化的包袱、道德的包袱、家事的包袱、良心的包袱……。人每天揹負著千斤重的包袱，怎麼會不感到壓力很大呢？雖然這個世界是「堪忍」的世界，既然做人，有了包袱也要忍辱負重，但是面對包袱，更應學習當用時提起，不用時也要能放下的豁達，才能擁有一個樂觀開朗的人生。

清淨安穩

短直趣

小魚

卡位

各位讀者，大家吉祥！

現在社會上流行排班卡位，舉凡到百貨公司購物，結帳或搶購特價品時，都要排班卡位，以期提早買到；有時到航空公司買票，也要提早排隊，以便卡位，得到方便。

自古以來，士子希望考取功名，能夠金榜題名，獨占鰲頭，也就是要卡位。現在社會上一職難求，有時只要招考幾名清道夫，結果幾千人報考，因為在高失業率的社會裡，要找到一個可以賺錢的位置實在不容易，所以要卡位。由此可見，卡位是生存之道，古今皆然。

如何才能卡位呢？

一、有特權可以卡位：講到特權，政治上的官僚體系，企業界的技術體系，越好的位置，越需要特權幫忙。我們的社會，很少事求人，多數都是人找事。事求人很容易，人找事很困難，假如有特權的背景，所謂「朝中有人可做官」，只要你有特權，什麼事都好辦。

二、有金錢可以卡位：特權之外，卡位的最大力量就是金錢了。從古代就有賣官鬻爵的行為，現代謀一個教員的職位，先要送校長多少禮金；一個公營企業的職員，也需要送主管多少酬謝金。要卡位，就要有金錢，可憐的民眾，職務還未到手，就要先花上一筆錢，用在卡位上，這是多麼划不來。據聞過去的醫界，一個總醫師要卡位，在報考的過程中，沒有送個數十萬元，休想輕易通過。卡位不是特權就是金錢，多麼庸俗。

三、**有關係可以卡位**：過去中國的政治，講究裙帶關係；現代的工商企業，領導人彼此也都有姻親關係。即使沒有關係，也要領養個乾兒子、認養個義女，總要建立關係。現代人求職，請人寫個介紹信，打個電話，都是要講究關係。甚至我的同學、我的同鄉、我的姪兒、我的外甥女，都要透過關係，請人鼎力相助，給予一個適當的位置。這種卡位文化，在社會上已經司空見慣，所謂「有關係，都會沒有關係；沒有關係，到處都有關係」，天下的情況都差不多，「關係」是人際社會很重要的條件。

四、**有實力可以卡位**：真正的卡位，應該要憑自己的實力，所謂「名實相符」，有什麼能力，就佔有什

麼位置。水牛、黃牛，功用不同，所以能力可以為人才分段。你是籃球選手，可以在籃壇上卡位；你是足球健將，可以在足球場上卡位。你沒有能力，雖有很好的位置，也不能派上用場。所以現在用考試取才，公平公正，技術本位，誰有技術專長，誰就能卡位。現在教育界的校長需要評鑑，學校的教授缺人，也要教育評議會通過才能聘請。慢慢的，國家社會用人，已經不是憑特權、金錢、關係來取才，而是要靠真正的實力，所謂「用人唯才唯德」，這是社會最大的進步。

失業怎麼辦？

各位讀者，大家吉祥！

經常在報章雜誌上，看到失業人口的統計，不管是升是降，總是有人失業了，不禁要為失業的人著急。失業了，不能工作賺錢，生活怎麼辦呢？尤其負擔家計的人，一家老小，都要依靠他賺錢養活，不能賺錢，等於水源斷了，沒有清水供應，乾渴難耐。

失業了，總要想辦法找工作。過去年輕時，曾經有人找我替他介紹職業。當經濟蕭條的時候，靠一封信、一通電話引介，讓對方看在介紹人的情面上錄用，事實上也為難人家。但是有的失業者不知輕重，還要挑選工作，要看自己喜不喜歡，如此要找職業就更加困難了。

失業的人，固然是運氣不佳，也怪自己學無專精。此外，自己的脾氣、性格、勤勞與否，也都是因素之一。失業時怎麼辦呢？略述意見如下：

一、**自己毛遂自薦**：在報紙的小廣告裡，都有徵才的啟事，你可以選擇適合自己的工作，依對方的電話打過去，直接表明自己能做什麼，同時願意被試用一個月，如果不合用，辭退沒有關係。對方由於沒有人情的壓力，並且知道你願意讓他試用，則老闆既要徵才，自然樂於試用你。

二、**不嫌工作低賤**：在歐美、日本等國，青年男女往往一面讀博、碩士，一面打工賺錢。有的到餐館替人端盤子，有的在百貨公司推車送貨，只要不嫌工作低賤，肯得憑自己的勞力賺錢，何愁沒有工作的機會呢？

三、**不嫌棄賺小錢**：有的人一心想賺大錢，自己又沒有能耐，對於小錢又看不在眼裡，如此眼高手低，不失業才是奇怪。其實失業了，只要肯擺個地攤，賣些日用品、衣服、鞋子，或是童玩等。只要嘴上親切，態度和藹，可能所賺的錢比一般人的薪水還要高。

四、**接受職業訓練**：失業了，表示自己沒有職業的專長。社會上常有很多職業正等著適合的人才擔任，所以就開訓練班來取才。有心找職業的人，應該把握機會，肯得接受人家訓練，只要自己在受訓期間表現良好，業主正是求才若渴，又怎麼會不錄用你呢？

五、**要靠力氣賺錢**：失業了，要遇到輕鬆的職業是比較困難，如果肯奉獻勞力，想賺錢也不是沒有機會。例如，建築公司的工地需要大量挑磚搬瓦的小工，勞動市場也需要很多搬運的苦力，只要你有體力，不懶惰，靠自己的力氣，還是能賺錢解決當下的問題。

六、不怕危險的工作：既然失業了，生活必定困難，有一些危險的工作，只要是正當，也不得不冒險去從事。例如，航海或礦場都需要很多有體力、肯冒險的人，只要肯從事，也能解決生活的壓力。

七、願意推銷產品：自己想要賺錢，必得先替別人賺錢，才有餘蔭可享。大公司的產品，一定需要有人去推銷，你肯推銷保險、電器、化妝品等，只要心甘情願，有禮貌，有口才，肯拋頭露面，其實從事推銷工作的人，往往月賺數十萬元。因此，推銷的行業，也是失業者理想的去處。

除了以上所提，其他的當然就要看各種因緣了。各位失業的朋友，不妨試試你的運氣吧。

未來的男女

各位讀者，大家吉祥！

在歷史的長河裡，男女兩性有時男多於女，有時女多於男。男多於女的社會，男人找對象成家立業困難；女多於男的社會，例如一場戰爭，死亡的男人太多，新寡的女人也會不知如何是好？

一個正常的社會，應該要男婚女嫁，各得其所，但是照現在的時代發展看來，未來的男女之間不免有一些令人憂心的地方，例如：

一、過去一般家庭，大都希望生養男孩，不喜歡養育女兒；重男輕女的結果，社會必定「男多於女」。長此以往，未來社會將有很多男人找不到結婚對象。如果再遇到一個好戰的國家民族，把男人徵召從軍，馬革裹屍於疆場，則如同「楊門女將」，一家男人都為國效忠，戰死沙場，留下一些女眷又將如何是好呢？

二、過去的婚姻法是「男女」二人結婚，現在一些國家立法通過，男同志、女同志一樣可以合法結婚，於是社會上正常的家庭，男婚女配，秦晉之好，所謂乾坤陰陽，都已經不合法則了，這個社會家庭的標準不知道建立在那裡？再加之現在的男人怕辛苦，不肯成家；女人怕生小孩，不肯嫁人。社會上太多的曠男怨女，一個不平衡的社會家庭，有心人能不掛念嗎？

三、依照現在的社會風氣繼續發展下去，我們也可以看出，過去的男人三妻四妾，認為是風流之舉；現在的女權高張，一

些走出家庭的女性，一樣可以在外面搞個三夫四情人，以示跟男人抗衡，這也未嘗不可。自古以來中國的社會制度，都是建立在「一夫一妻」之上，就是現在歐美進步的國家，仍保有這種優良的傳統，無論男女，如果有了婚外情，都是法律所不容，社會也不許。但看我們現在的社會秩序，我們的道德標準，都已經不能成為規範，所以現在的青年男女、夫妻，都像脫韁的野馬，任意馳騁，隨興而為。一個新社會、新道德、新標準急需重建，可是我們的政治人物，汲汲營營於政治權利的鬥爭，自己也在這種紛亂中混水摸魚，一個優良傳統社會的建立之難產，怎不叫人憂心呢？

四、過去的家庭，男主外女主內，現在也有了嚴重的變化。現在一些能幹的婦女放棄了家庭職責，走到社會上工作，於是很多年輕婦女，精於行政、會計、電腦等，具有許多的職業專長，但就是不擅長家事。傳聞現在上海的女孩，如果男人不會煮飯、做家事，就不可能列為結婚的考慮對象。對此我們不禁憂心，未來到底是仍由女性回到家庭，走進廚房裡呢？還是乾脆換成「男主內」，由男人來主掌家務呢？

除了上述所提，現在男女的新觀念，由於過分依賴父母，到了應該獨立之齡而不獨立，應該結婚成家也不結婚，應該生兒育女也不生育，這種男女「三不主義」，真不知未來將成為一個什麼樣的社會？總之，男女問題其實也是社會的問題，雖然「女男平等、男女平等」吵吵鬧鬧幾千年，現在已經露出曙光，可是男女二性之間還是有許多未能解決的問題。宗教基於關懷社會，憂心未來，我們並無成見，只是提出一些看法，供給大家參考。

生意不好

各位讀者，大家吉祥！

社會上，士農工商當中，以經商務農者為多。生活裡，每個人每日的必需品，也以農產、商品為主。但是我們經常聽到一些商場人士怨歎「生意不好」，如果是普遍性的經濟不景氣所致，這是社會問題；如果只是少數幾家生意不好，這就需要自我檢討了。

所謂生意不好，就是供需之間出了問題，需要商品的人少了。但是一般來說，只要物美價廉，生活必需品是必定不能少的，為什麼上門購物的人少了呢？這就有待供應者深思、探究了。

為什麼會生意不好？以下試著代尋答案：

一、產品不佳：消費者以同樣的價錢，購買二等，甚至三等的商品，他當然不肯上當，自然不會上門採購。

二、價格不公：同樣的產品，有時價格相差一、二元，雖然差距不大，但為數多了，也相當可觀。購買者不傻，左算右算，所謂「貨比三家不吃虧」，他當然要到便宜的商家去購買了。

三、包裝不良：有的商家為了節省包裝費，商品沒有妥善包裝，購買者看了不喜歡，自然不會生起購買之心，所以日本的商品很重視包裝，不是沒有道理的。

四、信譽不彰：為商之道，最重要的是建立商品的信譽。所謂「貨真價實」、「童叟無欺」，這是放諸四海而皆準的經商之道。可是有些商家貪圖小便宜，沒有樹立信譽，久而久之信譽不好，顧客自然不會上門。

五、宣傳不夠：任何產品的特點、優點，要讓顧客知道，否則產品就算再優良，消費者不了解，也不能相應，所以一般工商界都有百分之二十的宣傳費。例如，老牌的萬金油、龍角散、五分銖、黑人牙膏、綠油精、枇杷膏等，都是六、七十年前的產品，至今消費費者購買不衰，尤其廣告不斷。廣告的效果，就是要人牢記，不要遺忘了他。

六、行銷不力：業者或許也想宣傳，但有的不懂行銷方法，有的捨不得花宣傳費，有的甚至連自己都不懂得如何強調產品的優點，所以行銷無方的結果，當然生意不佳。

七、熱情不足：做生意講究「和氣生財」，過去的商人都是面帶笑容，客氣、親切、熱誠的招呼客人。反觀現在有不少店員，經常板著臉孔，對客人愛理不理的態度，要想生意興隆，此實難矣！

有此一說，兩家豆腐店在同一條街上。其中一家產品很好，但是生意很差；對面一家產品稍差，但顧客盈門。生意差的一家，百思不解，不知原因何在？經人告知，原來是「你家門口有惡犬」，致使客人不敢上門購買。因此，做生意的人，要處處周全，各方周到；留有惡犬，也不是好事。

總之，生意不好，先要檢討自己，再來要求別人，千萬不能掩飾自己的缺點，不思改進，總覺得是他人不好。需知購買主權操縱在他人之手，由不得自我護短，因此公平交易，此乃通行世界之至理也。

矛盾

各位讀者，大家吉祥！

國與國之間經常有衝突發生，人與人之間也會時生矛盾。其實，人不但與國家、社會有衝突矛盾，人甚至和自己都有衝突，都有矛盾。試將有關人和世間的各種矛盾，列舉如下：

一、人與國家之間的矛盾衝突：國家有法律，有時候人民不能遵守法律；國家有政治管理，有時候和人民的理念、期待不同，都會發生矛盾與衝突。例如，國家的施政不符民主，不能自由，人民就會反抗、抵制，所謂「上有政策，下有對策」。人是一國之民，國民應該有愛國的義務，當個人的利益受損，領導者與被領導者之間產生了矛盾、衝突，則國與民雙方都會受害。如果主政者都能勤政愛民，全國人民也都能為國犧牲，把光榮歸於國家，如此才能消除彼此的對立。

二、人與人之間的矛盾衝突：人與人之間，必然有思想的不同、貧富的差別、利害得失的衝擊等；因為有種種差異，因此會有矛盾、衝突。例如，朋友之間合夥經營，為了維護各自的利益，或是經營理念不同而拆夥，甚至親如父母兒女也會因故反目成仇。所以，人與人之間必須要相互信任、體諒，才能消除矛盾、衝突。　三、人與事之間的矛盾衝突：一般人常說「事與願違」，可見世間事不如意者，十之八九。考不上理想的學校，找不到適合興趣的職

業，交不到知心的朋友等，一直在各種事務之間矛盾。其實人如果懂得隨緣、隨份，對一些人事能夠適時遷就、禮讓，自然就會減少衝突。

四、人與境之間的矛盾衝突：有的人住在通都大邑，卻嫌環境吵鬧，心煩意躁，不能安住；有的人身居窮鄉僻壤，又嫌各種設備落後，一心想要換個環境。有的家庭裡，一張桌子的擺設，一幅書畫的掛法，意見不同，也造成家人的衝突與矛盾。人如果「心能轉境」而不被境所轉，就能隨遇而安，也就不會有「人與境」之間的矛盾與衝突了。

五、人與理之間的矛盾衝突：人經常說「我知道那樣很好，但我就是不要。」或說「我知道倫理道德是做人的根本，但人又何必辛苦接受那麼多禮法的束縛呢？」這就是人與理的衝突，所以有的人想的是一回事，做出來的又是另一回事。因為理是理、事是事，說與做不能相符，因此產生很多的衝突。人如果能訓練自己信服真理，胸懷大眾，自能消除人與理之間的矛盾。

六、人與心之間的矛盾衝突：人都有一顆心，人應該傾聽自己心中的想法，但是一般人寧可聽別人的閒言、是非，就是不聽自己良心、真心的告白，所以人與心之間有很多的衝突。例如，人和人之間，明知彼此應該互相尊重包容，但心理的疑忌、瞋恨，總是難免；人與人之間應該互助互諒，才能共生，但心裡就是喜歡討巧，總想占人便宜而不肯吃虧。假如人能說服自己，凡事將心比心，人我之間彼此都互通互利，自然就能消除人與心之間的衝突與矛盾。

世間事，矛盾只有彼此受害，除之，則互相有利。因此，懂得化解矛盾，不但是智慧，也是生存之道。

卷二

走出去

世界文化都各有所長，
我們藉著走出去的機會，
攝取知識，學習特色，增長見聞，
將來能有益於自己一生的發展，
這才是走出去的意義。

名氣

各位讀者，大家吉祥！

世間上無論什麼東西都要比「名氣」，有了名氣，眾所皆知，知名度高，行情看漲，價值就不一樣了。所以人要名氣，地要名氣，物品也要有名氣。女士買東西，特別喜歡買名牌，因為有名氣；一般年輕人種種的努力，其目標也是希望自己能成為有名氣的人。

世間上有些什麼「名氣」呢？

一、人要有名氣：中國歷史上的名人，如孔子、孟子、唐玄奘、李世民、岳飛、文天祥等，他們的名氣都永載史冊。世界上有名氣的人就更多了，如愛因斯坦、牛頓、達爾文、阿姆斯壯、馬克斯、穆罕默德、耶穌等。現在台灣社會，凡是要競選公職的人，都先要問知名度夠不夠？對社會有什麼貢獻？如果沒有這些基礎，一切事就難為了。

二、地要有名氣：世界上的大都市，上海、紐約、倫敦、巴黎、以及一些風景名勝，如南美洲的亞馬遜河、澳洲的大堡礁、北美洲的尼加拉瓜、中國的萬里長城、頤和園等，許多有名的地方，都是全世界人嚮往的地方，大家莫不希望此生有機會到此一遊。

三、物要有名氣：現代人要買一棟房子，先問房子座落的那條街有沒有名氣？要買一間工廠，要知道所出產的東西有沒有名氣？買車子，勞斯萊斯、別克、賓士，就算是日本的TOYOTA，也要躋身名牌之列，才有人購買。沒有名氣的手錶，一只二、三百元，有名氣的手錶要價上百萬，所以有錢人買東西，其實他所要買的是名氣。

四、事要有名氣：歷史上重要的大事，如哥倫布發現新大陸、英國庫克船長最先登陸澳洲、中國三寶太監鄭和七次下西洋，以及美國羅斯福、英國邱吉爾、中國蔣中正在埃及召開的「開羅會議」。乃至第二次世界大戰美國在諾曼地登陸、東西德柏林圍牆拆除後再統一等，不但世界皆知，甚至被列入各國教科書。其他如韓戰、越戰、阿富汗、伊拉克、巴勒斯坦等連年的戰爭，雖有名氣，卻為人所詬病。

五、學校要有名氣：過去的大學，被形容為「窄門」，學生要想考上一所大學並不容易。現在開放私人設校，私立大學如雨後春筍般到處林立，反過來變成大學招生不易。不過只要是名校，還是人人趨之若鶩，所以各大學也都在爭取世界排名。現在世界上最好的大學，如哈佛大學、麻省理工學院、京都大學、史丹福大學、東京大學、伊利諾斯大學、耶魯大學、威斯康辛大學、哥倫比亞大學、劍橋大學等，雖然排行榜沒有一定的標準，不過能成為世界名校，都不是一夕可成，所以世界其他大學要想成為世界名校，還得時間及努力。

六、**時要有名氣**：世界上，各國有各國的節日，各宗教有各宗教的節日，民間有民間的節日；只要節日有名氣，人民都會隨喜過節，做為生活的調劑。世界上最有名的節日，應該就是「元旦」了，全世界每一個國家都有元旦，都要過年。尤其中國的農曆春節，中國人不管移民到那裡，都會在當地歡度春節。另外，儘管科學再發達，與中秋節有關的「嫦娥奔月」的故事，仍然令人嚮往。

一個默默無聞的無名小子，想要出名並不容易；但是當一個人有了名氣，隨著名氣帶來的影響力，應該給社會一些建言，給旁人一些因緣，才不辜負了自己的名氣。

丟醜

各位讀者，大家吉祥！

人總想把好的一面表現給別人看，醜的一面則希望加以掩飾，所以有人這樣形容：動聽的語言背後，蘊藏著多少的壞心；美麗的容顏背後，包藏著醜陋的靈魂。

世間上的人都怕丟醜，有的學生成績不理想，不想讓家人知道，覺得那會丟醜；男生追求女生，最顧忌在女朋友面前丟醜。說到丟醜，其實有些事並非丟醜，吾人應該正確認識清楚；有些事確實是丟醜，也不能不懂。以下試舉十事。

一、沒有金錢財富不醜，沒有人格道德才是丟醜：一個人有無金錢財富，與別人沒有多大關係；但是沒有道德人格，卻會被人看輕，這才是丟醜。

二、沒有知識學問不醜，沒有正派行為才是丟醜：沒有知識學問，只是自己識淺；沒有正派行為，卻會侵犯別人，所以會被別人歧視，這才算丟醜。

三、不擅語言講話不醜，專講別人壞話才是丟醜：一個人不擅言詞，逢人不善於言語表達並不可恥，只要能多做好事，一樣會受到別人的讚美。但是如果能言善道，卻一再講別人的壞話，人家就要反擊你，那才是丟醜。

四、沒有好的面相不醜，沒有良好行為才是丟醜：所謂「人醜心不醜」，心意善良，行為端正，怎麼會丟醜呢？反之，行為不檢，被人鄙視，才是丟醜。

五、沒有好的命運不醜，沒有好的良心才是丟醜：命不好會贏得別人的關心，但是沒有良心就要遭人議論了。

六、沒有正當職業不醜，做不正當職業才是丟醜：一時沒有找到適合自己的職業，沒什麼大不了，可以慢慢再找；但是如果從事不正當的職業，殺盜淫妄的事情做多了，人人憤慨，這就丟醜了。

七、沒有善朋好友不醜，沒有好的人緣才是丟醜：一個人走到任何地方，如果沒有人願意和他共事、講話、來往，必定是品德有缺，也就丟醜了。

八、沒有健康身體不醜，沒有勤勞性格才是丟醜：身而為人，醜陋殘缺都不為過；但是若不肯勤勞，不發心工作，懶惰懈怠就會丟醜。

九、沒有善名美譽不醜，到處惡名昭彰才是丟醜：沒有善名美譬沒關係，只要本份做個小人物就好；但如果是個大人物，卻惡名昭彰，那就丟醜了。

十、沒有父母兒女不醜，到處惹人討厭才是丟醜：父母失去兒女，或是兒女失去父母，這不丟醜，倒是兒女滿堂，出外卻到處惹人討厭，這才是真正的丟醜。

丟醜會被人取笑，所以丟醜的人會感到可恥。其實，一時的丟醜無妨，只要能知恥、知慚愧、知反省，必定可以增加自己的美德，日後別人自然會對你刮目相看。

合約

各位讀者，大家吉祥！

人和人之間，團體和團體之間，國和國之間，凡是牽涉到權利、義務，以及未來的重大發展關係，都會訂立合約。過去強權時代，經常訂定一些不平等條約；孫中山先生所以革命，就是為了廢除國際間對我不平等的條約。例如，一九一五年的日本二十一條不平等條約，引起了中國的五四運動，讓中國人有了覺醒，至今仍為國人所樂道。

訂定合約，要以平等、公平為基礎。從家庭的兄弟分產，到合夥經商，財務所得，以及有關彼此權益，都要訂立合約。其實，合約只能在行為上、有形的利害上約束，至於無形的，有關道德良心的合約，就只有各人心中有數了。

世間上，常見的合約有那些呢？

一、有關財務金錢的合約：人際之間，最容易引發糾紛的，就是金錢和愛情了。婚姻有婚約，也有民法的規定；金錢的往來則比較複雜。各種投資、合夥、股東之間，持股比率，盈虧分合，甚至死亡繼承等，有的合約都不夠規範。在古代，有了糾紛，只要地方的士紳、家族的長者，出面仲裁，都能解決。現在財務性的合約，多如牛毛，各種借貸，各種抵押，各種保值，各種稅務糾紛，真是層出不窮。其實再多的合約，都不如良心的規範、道德的信義來得更有功效。

二、有關權利義務的合約：世間上各種事業，有國營的，有民營的，有官民合作的。不只是權利的保障須要訂定合約，義務的履行也要靠合約來規範。例如，國與國之間，有的有保護地球免受污染的義務，有的有維持世界和平而必須停止發展核武的義務。現在國際法庭都十分注意各個國家的權利與義務之執行，甚至聯合國的設立，就是為了對各國之間的權利與義務，加以監督與約束。

三、有關工作職業的合約：現在舉世各國幾乎都有勞工法，保障勞資雙方的權利與義務。過去資方剝削勞工，沒有人管，現在有勞工基本法，業主不能隨便壓榨勞工，或任意解雇員工。現在的職業，不管跑腿的信差，供應茶水的服務生，或是清潔隊的員工，大家都可以和老闆訂立合約，即使沒有合約，也有勞工法來保障大家的權益。

四、有關人情道義的合約：人情道義本來不需要合約，但是人情會變化，道義也會變化。有的人能信守情義，有的人也會違反情義，所以在人情義理之中，為了彼此的信賴，有時也會訂定合約。例如，兒女的監護權、父母的孝養義務，好像都需要有合約，才能建立彼此的信賴。

關於合約，有的用口頭約定，有的必須形之於文書，甚至要有公證人在法院公證。其實，我個人從事建設佛光山以來，從未與人訂立契約。我想，以宗教的信仰，如果還不足以維護彼此的信賴，還需要靠法律來維護，不是降低宗教的價值了嗎？

所以世間上的合約，即使有多少條文規定，重要的是，彼此要信守道義，信守承諾，能做到如此，這也是社會的一大成就。

「多」之過

各位讀者，大家吉祥！

天生萬物，都為吾人所用，但是要用得適當，不可浪費。偏偏一般人大多喜歡貪多，可是「多」未必是好，「少」也未必不好。財寶太多，要花時間心力來保管；廳堂太多，要花人工力氣來打掃。甚至一般人說養兒育女是有「福氣」，的確，多兒多女，多「福」也多「氣」，可見凡事並不是多就是好，多也有多的壞處。

現在茲將「多」之過，提供給好「多」者參考：

一、多吃無滋味：據聞，過去帝王吃飯，都是一百樣菜，但是我們也沒聽說那位帝王吃出歡喜來；反而一般平民，青菜蘿蔔，醬瓜小菜，感受到滋味無窮。假如有人每天都是大吃大喝，所謂「病從口入」，吃多了，不但沒有滋味，還會吃出病來，所以現在社會進步，提倡健康飲食，可見「吃」的文化也在進步。

二、**多言沒價值**：有人喜歡說話，但說得太多，也給人討厭。尤其現代人講話，不講究修辭，不講究條理，不講究分寸，甚至言不及義，所以多說也無意義。

三、**多忌失親友**：有的人平時生活裡忌諱很多，例如，早上出門看到送葬隊伍，覺得觸霉頭；眼皮跳，認為會有禍事發生，不敢出門；聽到烏鴉叫，認為不吉祥；農曆七月不可搬家、不得嫁娶，甚至逢到本命年會犯太歲，諸事要特別小心等。因為忌諱太多，迷信太多，搞得親朋好友與他往來，難以正常，因此漸漸疏於連絡，終至不相往來。

四、**多慮事難成**：做事要考慮周詳，才不致匆忙有錯，但考慮太多，也難成事。南宋時，為了要不要反攻伐金，多所猶豫，終於失去大好機會；唐太宗一代明君，可是當初長輩們議論誰可繼位，如果他也猶豫不定，則「玄武門之變」，有了不同的結果，對國家的影響將更不堪設想。

五、**多財增危險**：人生道德愈多愈好，學問愈高愈好，只有錢財不一定愈多愈好。「人為財死」，人因為希望聚財，因而招致殺身之禍，歷史上比比皆是。錢財為五家所共有，過多的錢財反而增加內心的不安。有的人走路被搶，不就是為了多財；居家不安，不也是因為財多怕被人覬覦嗎？所以聰明的人，錢財不求過多，只求夠用。

六、**多心少人緣**：多心也是人的一個毛病，天下本來無事，為了多心製造了很多的是非、閒話。多疑必定少朋友，多心必定失去很多的善因善緣，《金剛經》講，狐疑不信，也是障道因緣，所以我們平時要用心，但不必太多疑心。

上述六事，正是所謂「打死會拳的，淹死會水的」，如果不會，就沒有這些危險。例如沒有多財，就不會有人借貸，就不會被人倒閉。甚至世間上有的人交際多，自然會應酬艱難；朋友過多，自然難以周全；衣服用物太多，成為累贅，所以凡事適可而止，不必求多。

妄想

各位讀者，大家吉祥！

世間上，有的人對未來滿懷著憧憬與夢想，有的人一天到晚只有妄想紛飛。有夢想的人，只要化為行動，夢想也有可能成真；但是妄想的人，由於所思所想都不切實際，因此難有所成。妄想是什麼呢？

一、精神異常：現在社會上有一些被稱為「草莓族」的人，因為抗壓性低，禁不起來自四面八方的壓力，因此演變成「憂鬱症」、「躁鬱症」等種種精神病。所謂「精神病」者，大多是精神異常，異想天開，所有言行都不切實際，對於善惡、好壞

並沒有標準，只是個人的妄想。因為不能活在現實裡，與現實的人事因緣總有一些距離，所以患了這種妄想症的人，醫師只有叫他每天走路、跑步、運動、曬太陽，讓他回到現實裡，希望能治好不切實際的妄想症。

二、愚昧無知：妄想的人必定是愚昧無知，因為他不知道世間凡事都是相對的，都是有因緣果報的；有因緣才有收穫，有努力才會成長。患了妄想症的人，以為凡事可以不勞而獲，甚至妄想一夜致富，妄想你的都成為我的；由於不知世間一切都要靠自己努力才會擁有，因此活在愚昧無知的妄想裡。

三、**執著偏見**：妄想的人沒有正知正見，沒有般若智慧，只有偏見執著。他不是執著「常見」，就是流於「斷見」，沒有「中道觀」；他在有無、是非、善惡、好壞裡，不知分別，只憑著自己的偏見、執著，隨便對世間妄下論斷。因此，妄想的人所思所想都異於正常人，對事情的看法不客觀，不能以事明理、以理解事，每天都是想入非非。如此異想之人，連朋友都交不到，那能成其事呢？

四、**胡思迷信**：妄想的人每天都在胡思亂想，沒有分辨真假、有無的智慧，所以容易產生迷信。例如，有的人相信風水吉地，但是在同一條街做生意的人，為什麼有的人發財，有的人倒閉？可見不能怪地理不好，要怪人謀不臧。有的人迷信時辰，但是同一天結婚、同一個時辰出生的人，為什麼他們的前途遭遇都不相同呢？也有的人迷信星座，但是同一個星座的人，都有不一樣的人生，可見這都是「心外求法」，不知道心為主人翁，只有在變化的外相上攀緣、計較，那裡能找到真理呢？

所以，人要有正見，尤其要有「正信」；信仰必須合乎必然性、普遍性、平等性等條件，要信仰有道德、有能力、有真實、有歷史性的，不然陷入迷信，就很難拯救了。不切實際、虛幻妄想的人，不能與真理、實際相應；由於他的精神異常、愚昧無知、執著偏見、胡思迷信，有了這麼多謬誤，怎麼能得救呢？所以《般若心經》要我們「遠離顛倒妄想」，誠為得度之道也。

年關

各位讀者，大家吉祥！

舉世各國，都有年節的紀念，儘管慶祝的月份、日期不同，但是一年十二個月當中，總有一天是「過年」的日子。例如，泰國的潑水節、美國的萬聖節，就是他們的過年。在中國，除了過農曆春節的年以外，現在還有一個國曆元月一日，叫做「元旦」，也是國曆過年。

年節總是人生歲月的關卡。現在的銀行，大部份每週或每月結算一次；過去的農業時代，則是每逢農曆過年做一次總結帳，所以過年可以說是小老百姓名副其實的「年關」了。

「年關」對人應該有正面的意義，略述如下：

一、**要清償債務**：過去農業時代，一般民眾沒有月薪收入，貧寒之家並無餘錢，平時買東西總要賒帳，甚至遇有急用時，必須向人借貸，因此每當年關一到，償債是必然的。年關償債，不但討債的人義正詞嚴，償債的人也覺得理所應該，不可耍賴。所以每逢過年，兒童興奮的等著父母買新衣、給壓歲錢之際，父母面對清償債務的壓力，其辛苦就不易為人所知了。正如現在的刷卡族，刷卡的時候不知道嚴重，到了付款時，才知道刷卡也是人生一個嚴重的「關卡」。

二、**要清潔環境**：農業時代，平時忙於農耕，家裡即使雜亂一點，也還說得過去。但是到了過年，如果不把家裡打掃整潔，不重視環境美化，隔壁鄰居也會看不起你。因此，每逢過年，全家總動員，大家齊心協力打掃環境，也

花團錦簇
我愛繁華景象
小魚

是理所當然的事；藉助年關，把家裡做一番整理，更是大事一件。

三、要清空倉庫：

商人營業，投下資本，批發貨物出售，所謂「將本求利」，這是正當的買賣。但是一年下來，倉庫裡難免囤積一些存貨，所以每到年關將屆，總會來個清倉大拍賣、清倉大減價。

商家透過打折、買一送一等方式出清貨物，回收資本，而一般民眾，趁著年關減價時刻，買到便宜貨也都樂不可支，所以年關清倉，可謂「皆大歡喜」的好事。

四、**要清淨語言**：過年，人人都想討個吉利，所以大人會交待兒童說話要小心，不能說不吉利的話。另外，家家戶戶的門口，也會掛個春聯，圖個大吉大利，像是「吉祥平安」、「萬事如意」等。佛光山順應民間的風俗，每年年關之際，總會寫下一句祝福的好話，例如二〇〇七年是豬年，因此就祝福大家「諸事圓滿」，也算是響應「做好事、說好話、存好心」的三好運動。

五、**要清除惡習**：年關新舊交替之際，每個人應該有「過去種種譬如昨日死，未來種種譬如今日生」的觀念。假如過去有不好的習性，在年關時加以革除；如有

任何新的計畫、志願，也可以藉著年關交替，加以實施，此即所謂「除舊布新」也。

六、**要清新生活**：過年正是「天增歲月人增壽，春滿乾坤福滿門」的時刻，所有的人都在享受清新的生活。有的人舉家到寺院禮拜，祈求諸佛菩薩加被平安吉祥，有的扶老攜幼到外面旅行，經濟條件好的人，更是趁此年關放假之際，遠渡重洋，出國散心。所謂「讀萬卷書，行萬里路」，這也是人生不可少的功課。

總之，年關之際，不只是兒童歡喜過年，一般人也可趁此機會，應該結束的加以結束，應該更新的加以更新，應該計畫的加以計畫，應該實施的加以實施。尤其借年關春假期間，放下重擔，和親朋好友團聚，經過適當的休息、調適，可在過年後重新出發，向人生的道路邁進，所以，站在社會學的立場來看，過年實在是社會人生最美好的事。

死角

各位讀者，大家吉祥！

馬路上，許多車禍的發生，只因為駕駛人變換車道時，沒有從照後鏡裡確實看清左右後方來車就強行切入，以致造成嚴重傷亡，甚至倒車時，因為看不到後面的情況而釀禍。

人的眼睛，有時雖在視力範圍內，都有觀察不到的死角；軍事上，在軍火射程內，有時候也因地形的因素而有死角。其實，社會人生到處都有死角，例如：

一、**法律的死角**：法律本來應該是最公平、最公正的，但是法律也有死角。例如，有人造假，有人偽證，有人誤判，乃至不公不義的法律，都成為侵害人權的法律死角。

二、經濟的死角：銀行裡的呆帳，官場上官員貪污舞弊、浪費公帑、圖利他人、政商掛勾、掏空國產、惡性倒閉、內線交易等，都是經濟的死角；死角不清，經濟難以活絡。

三、治安的死角：現在社會上有許多治安的死角，例如監守自盜就是治安的死角，瓜分公產就是治安的死角，竊聽竊錄、跟蹤調查都是治安的死角。警界經常用小偷做線民，這也是治安的死角；軍中用黑道為助力，這都是治安的死角。尤其現在的社會，好利不好義、笑貧不笑娼、造假詐欺、黑函密告，這都是治安的死角。

四、知識的死角：知識本來應該是有益於吾人的言行，但知識成為「所知障」，這種知識就會成為障礙人生的死角。甚至知識也會生病，生了病的知識就是「愚癡」。見聞覺知，是我們的知識，但我們的知識不能被無明蒙蔽；般若智慧是我們的知識，但般若智慧不能被成見擠爆。知識講究應用，我們的知識有適當應用嗎？

五、進步的死角：人生本來應該是向上、向善，向美好的前途邁進，但是人生也會遇到阻礙，不能向前，那就是「執著」。人一旦產生執著，不放棄後面的一步，怎麼能向前邁進呢？我們要想向前進步，就要把成見的阻礙、我執的堅持放棄，不然怎麼能向前進步呢？

六、發展的死角：各行各業都希望發展，國家要發展，經濟要發展，教育要發展，就是一個小店吧，也希望能發展。可是發展也要有發展的條件，發展最大的阻礙，就是守舊。舊的思想、舊的觀念、舊的行為、舊的言論，守舊落伍的一切不放棄、不改進，就成為發展的死角。守舊落伍的人要想創造新發展，事實難矣。

七、人我的死角：人我相處也有一些死角，例如，互相猜疑嫉妒、暗中較勁、見利忘義等。人我之間不能開誠布公，不能同舟共濟，不能同甘共苦，不能相互包容，都會出現人我的死角。朋友之間有了死角，你說不會發酵、發臭嗎？

八、思想的死角：思想的空間要有新鮮空氣流通，假如思想混濁，思想污染，這就是思想的死角，就是發展的障礙。思想偏激、思想不合時宜、不合大眾的利益，如此期待思想能開朗、開闊，能夠為人所接受，事實上也不容易。思想要開明、開通、開朗、開闊，思想要讓大家接受，沒有思想的死角，思想才容易昇華。

人生的死角，不能把它找出來，讓它明朗化，只是任它藏污納垢，總有一天必將成為人生的致命傷，所以死角要整頓。

考試的功能

各位讀者，大家吉祥！

中國古來就有考試的制度，做官要考試，就業要考試，學生升學更要考試。人的一生當中，可以說大考小考，不經過數十、百次的考試，那裡能過關！

現代人在社會上求職，有人說我和這家機構的董事長、總經理有關係，因此他免試錄取我當職員；有人說我的親戚在公司裡任要職，所以我能進得了這家公司。或者有的人學有專長、服務經驗豐富，機構負責人知道後特別情商，未經考試就請他轉職。但也有人說，這家公司我是考了三次才進來的。

不舍晝夜

逝者如斯 不舍晝夜

不管我們就職的因緣如何，但我們總會知道，考試還是最公平的。考試到底有什麼意義、功能呢？

一、可以選拔人才：人才在那裡，我們不知道；誰是人才，我們也不知道。假如經過考試，是不是人才，馬上就能分曉。我們需要教育人才，需要寫作人才，需要醫學人才，需要技術人才，隨你需要那一種人才，只要你公開招考，有合理的待遇，公司的信譽好、成就受肯定，透過考試制度，自然可以選拔到很多優秀人才。

二、可以公平競爭：透過考試來選拔人才，可以免去八行書的介紹、電話的推薦等人情關說，用考試來選拔人才，這是最公平的競爭。我要錄用二十名會計，經過考試獲得高分，你就能在錄取員額之內。那家學校，要遴聘史地教員、公民老師、生活教官，只要你有所長，經得起考試，白紙黑字，把你的所長寫在紙上，你被錄取了，不靠人情關係，不必請託，完全憑著自己的能力考取，既公平又安然。

三、可以激勵上進：學生時代，學校裡有月考、季考、段考、期中考、期末考，甚至最後還有畢業考。每逢考試，學生總會特別用功，有的挑燈夜戰，有的溫習各種習題，甚至還要請老師補習，總希望能考個好成績。如果是就業考試，同樣起早待晚，忙裡偷閒找時間閱讀應試書籍。甚至學科考試以外，有的還有術科考試，例如一個車床工人，至少要懂得裝卸螺絲、裁切鐵片；一個汽車駕駛員，也要駕駛技術純熟才行。為了順利通過考試，總要下一番功夫學習，所以用考試來激勵上進，不管時代怎麼變化，這仍然是最好的辦法。

四、可以了解實力：自己有多少實力，有時候連自己也不了解，經過考試，成績會告訴你，你的實力有多少。一個人有實力，就不怕考試，沒有實力，應考艱難。所以，人生不患無位，患所以立。總之，現代的社會不但學校裡有學業考試，通過考試才能畢業；進了社會就業，還要通過普考、高考、特考等各種考試，才有理想的職業。人生逢現代，不但要學有專精，還要能應付各種考試，才能在社會上立足。考試之於吾人，其重要不言而喻。

覺有神

形劃以普通為

尚、然而有時

隨機應變

小思

作家

各位讀者，大家吉祥！

近年來，全球的出版界迅速發展，每天出版的書籍不下百千萬部，這都應該歸功於作家的生花妙筆。過去一個人能在一生當中出版一部書，就是光宗耀祖之事，而現在能躋身到作家之林，更是人中佼佼者，也算是祖上有德。

作家為人所歌頌的，不只是他們的文思敏捷，而且學問淵博、生活體驗深

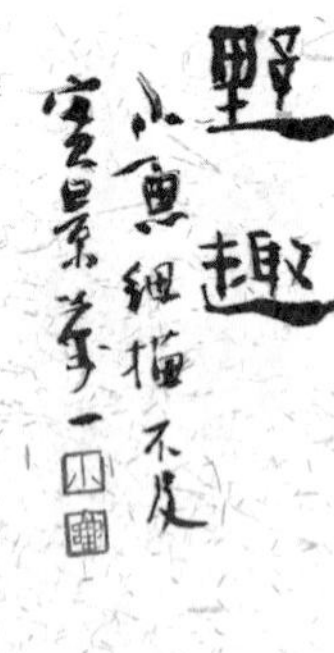

刻，尤其作家對世界影響之深遠，過去有人形容，即使長槍、大砲的力量都不及一支筆。近代著名學者梁啟超，為了反對妄想稱帝的袁世凱竄改人民憲法，寫了一篇〈異哉！所謂國體論〉，袁世凱願以十萬金元要求不發表文章，但是梁啟超斷然拒絕，充分展現了文人的氣節。又如司馬相如為失寵的皇后寫了一篇〈長門賦〉，使其再復皇后之位，在在都說明了作家力量之大不可小看。試把作家的意義略述如下：

一、作家的生命最久長：武器即使能打贏一場又一場的戰役，終究會有朽壞的

一天，但是作家的作品卻能歷久不衰；老舊的建築會毀壞，但是作家的作品卻可一再翻印；過去的英雄豪傑如今何在，但是古今作家卻一再被人稱道；新聞記者撰寫的新聞稿，刊登之後就成過去，而文藝作品卻可流傳千秋萬古。所以，作家的生命最久長。

二、**作家的世界最普遍**：演說家舉行一場講演，儘管聽眾幾千幾萬人，仍不如作家的作品可以傳遍世界。作家的思想透過文字的記載及翻譯，沒有時空的隔閡，可以橫跨全球，無論身處何地的讀者，都可能受到其中一字一句的影響而改變一生。

三、**作家的感情最豐富**：作家筆下的世界，可以牽動萬千讀者的心，讓讀者的情感跟著作家的思緒脈動，忽喜忽悲，時憂時樂。例如中國三大才子書，《三國演義》、《水滸傳》、《紅樓夢》，不就把人間萬事描寫得絲絲入扣，因而動人心弦嗎？

四、作家的人生最虛幻：作家有時需要運用創造力，將眼見耳聞的社會萬象、人情冷暖，甚至宇宙萬有、大地山河，藉由手上的一支筆，呈現它的悲歡離合。所以，作家的人生偶爾需要天馬行空的幻想，方得醞釀出精彩的篇章。

五、作家的氣質最多元：有的作家喜歡言情文藝，有的喜歡詩詞散文，有的喜歡偵探武俠，也有的喜歡描寫歷史人物。文章在作家的巧妙鋪排之下，或以歌曲唱頌，或以詩詞朗讀來反應社會實相，令人讀來盪氣迴腸。

六、作家的思想最寬闊：作家的思想包羅萬象，有的作家寫出感人情懷的文學作品，有的記錄歷史的真實回顧，有的探討生死哲學，有的撰寫專題報導。無論寫今寫古，寫中寫外，作家都能引領讀者的思路，因此作家的影響力不可謂不大！

把脈

各位讀者，大家吉祥！

世間上，凡事「事出必有因」，一切行為所產生的結果，都有「脈絡可循」。所謂「脈絡」，就是線索，就是本源，凡事要懂得掌握脈絡，才能「按圖索驥」。因此，會做事的人，先要掌握做事的程序脈絡，才能忙中不亂；會說話的人，要掌握說話的脈絡要點，才能言簡意賅；會讀書的人，先要了解書中的文理脈絡，才能提綱挈領；會思想的人，所思所想都有條理脈絡，才能思慮清晰。

脈絡就是「果中之因」、「事中之由」、「理中之道」，例如從文明的進程，可以看出時代的脈絡。不但時代有脈絡，世間萬物，山

有山脈、水有水脈；山巒除了有主脈，還有支脈，流水也有主流與支流。山水之外，人也有人脈，人的身體有組織系統的經絡以外，甚至人死之後，還要找一個具有「龍脈」的吉地來安葬，無非是希望有益後世子孫，代代富貴吉祥。

其實，人生的窮通得失、壽夭智愚，確有脈絡可尋。脈絡就是「道理」，天有天理，地有地理、人有人理、事有事理、物有物理、情有情理、道有道理；理與脈關係密切，所以一個人會說理、知理，更要會得知脈，尤其要懂得為問題把脈。現在針對「把脈」，提供意見如下：

一、個人要為前途把脈：世間上，有的人前途一帆風順，有的人命運坎坷多舛。人生的際遇如何，不要怨天尤人，應該懂得自我把脈。須知一切事都有因緣果報，而且不但與現世有關，也脫離不了往世的因緣關係。只要能夠找出原因，繼而打通問題的關節，則如練武功的人，一旦打通了任督二脈，一切事自然水到渠成。

二、**醫生要為病人把脈**：醫生中有名醫與庸醫之別，關鍵就在於把脈診斷病因的功力如何。一個人生病了，當然要找醫生，不過最好是自己做自己的醫生，平時要懂得一些簡單的護理常識，尤其要懂得心靈保健之道，能夠經常為自我的身心把脈，才能常保健康。

三、**公民要為社會把脈**：公民是國家的一份子，國家社會的發展與自己的生存息息相關，因此要主動關心。國家社會有了弊端，不但要勇於建言，發心為社會把脈，尤其要常想：我能為國家社會貢獻什麼嗎？例如社會需要公平、正義、慈悲、道德，一旦這些關乎社會命脈存續的重要情操失落了，我敢於站出來發聲嗎？一個國家，唯有人人肯為社會把脈，人人都做正義的鬥士，才能建設富強安樂的國家。

四、宗教要為人生把脈：世間上的宗教很多，正好能夠提供各種人等的需要。人本來就是宗教的動物，每個人的心其實就是自己所信仰的宗教之教主。宗教不但能為自己的人生何去何從把脈，宗教還應該為世道人心的淨化、社會風氣的改善，負起把脈之責。讓人人在其所信仰的宗教裡，都能本諸良心，包容他人，貢獻心力，普濟大眾；讓每一個人在宗教信仰裡，都懂得個人前途的脈絡、國家未來的脈絡、世界發展的脈絡，乃至山河大地等大自然的脈絡。如果人生的脈絡皆通，生命不是很可愛嗎？

求職的絕招

各位讀者，大家吉祥！

有一名大學畢業的青年到公司應徵，面試時董事長問：「你平時在家有幫父母擦過背嗎？」青年答：「沒有！」董事長再問：「有幫父母捶過背嗎？」青年回答：「小時候有過，現在沒有。」董事長說：「今天面試到此為止，你回去後幫父母擦了背，明天再來應試。」青年回家後，甚感為難，不知如何跟早年守寡的母親提出為她擦背的事，後來青年一想，等母親回家後，就告訴母親想為她洗腳。母親十分訝異，經過青年說明原由，母親為了成就兒子順利獲得工作，因此同意讓兒子洗腳。

青年蹲在母親面前，專心的洗著母親長繭而僵硬的雙腳，忽然想到母親平日辛苦工作，就是為了賺錢供自己讀書，一時感動莫名。隔天青年到了公司，見到董事長，他說：「董事長，我今天來不是為了獲得您給我工作的機會，我來只是為了感謝您，因為您讓我學到了人生最重要的一課，我覺得這才是最寶貴的。」

董事長聽了青年的一席話後，說：「你已經被錄取了。」

現在的人求職，靠八行書，靠人情關說，讓別人在不得已的情況下錄用你，如此對自己未來的升遷，主管會有成見。尤其自己是靠人際關係而被錄用，日後也不會受到重視，所以關於求職的方法，以下提出幾個秘訣，供大家參考：

一、毛遂自薦，給人試用：請人推薦，會叫人不放心，不如自己從徵才廣告中，找出自己有興趣的工作，寫信去毛遂自薦，介紹自己的專長，並且說明可以被試用三個月，如此老闆在沒有人情債的壓力下，得其所哉，比較容易成功。

二、不計待遇，只望重視：自己也可以說明，試用期滿如果能被錄用，可以接受評鑑，依實際的工作能力發給待遇。

三、有真本領，勤勞負責：自己要確有專長，尤其肯勤勞、負責，例如：當個司機，要起早待晚，不能面有難色；做會計的人，逢到報帳的時候，要主動加班，不要計較。甚至平時有客人來訪，要主動幫主管打點，讓他覺得你很有用。

四、擁護主管，視公如己：擁護主管，這是必需的，在一家保一家，主管也是衣食父母，你不擁護他，他如何肯重用你？當然，也不

是要你跟主管狼狽為奸，如果遇到不道德、不正派的主管，可以悄悄離去，但不必反對，如果反對主管，即使到了別家，一旦對方獲悉前情，也不敢聘用你。

現在社會雖然失業率很高，如果要找一份職業，只要懂得一些訣竅，其實還是不致於太困難。現在有一些人之所以失業，是因為不得其門而入，或是自己沒有所長，尤其不可要求待遇，要先求有，再求理想，不要高不成低不就。若能符合興趣，而且能發揮專長，尤其是有益於社會大眾的正當工作，都是好職業，都應該盡心去做。

如何走出去

各位讀者，大家吉祥！

「走出去」是前中共國家主席江澤民先生在任時發表的講話，意謂中國應該要走出去。中國要走出去，必得先要開放觀光，讓人民可以走到世界，把中國的文化、中國的學說、中國的成就帶著走出去，才有意義。

現在正當世界「天涯若比鄰」的時代，「走出去」是很容易的事，但是人要出門，必先整裝、盥洗、美容，才能走出去見人。現在吾人要走上國際，走到世界，怎能不預備一些內容帶著走出去呢？

人要如何才能「走出去」呢？

一、有知識可以走出去：記得過去台灣剛開放觀光的時候，民眾要出國旅遊，限定至少要高中畢業，因為出國總要有些知識水平，否則出國是好事，萬一出洋相可就貽笑國際了。走出去的人，必定要有知識，要具備交通常識，知道國際禮貌，懂得對別人尊重，了解出國的意義；能把自己所學，把國家的文化，透過自己走出國門，而把悠久的傳統文化、把民族的道德精神散播出去，才有意義，所以要帶著知識走出去。玄奘大師的《大唐西域記》，有七十餘種語言的翻譯，因為有知識，所以就能走出去；《孫子兵法》在世界大學裡成為教科書，這也是知識能走出去的明證。甚至中國發明的羅盤、指南針、火藥，因為能走上國際，所以改變世界的發展。

二、有慈悲可以走出去：個人走出去，不一

定只希望發財，也要懂得喜捨。尤其帶著慈悲，不管走到什麼地方，任何人都會歡迎。觀世音菩薩遊諸十方國土，因為慈悲，不但走進人群，走到每個人的家庭，所謂「家家觀世音」，每家每戶都把正廳用來供奉觀世音菩薩，可見慈悲多麼受人歡迎。現在全世界都有中國人建的醫院、橋梁、機場，這都是因為慈悲而能走上國際。

三、有好學可以走出去：佛教裡有所謂出外學習、雲遊參訪。走出去要抱著學習的心態，中國的留學生遍布世界，因為是學習各國的知識文化，普受世界歡迎。即使是觀光旅行，也要學習途中的所見所聞，所謂「三人行，必有我師焉」，世界文化都各有所長，我們藉著走出去的機會，攝取知識，學習特色，增長見聞，將來能有益於自己一生的發展，這才是走出去的意義。

四、有文化可以走出去：走出去的人要有文化，有文化的人才能走出去。現在中國大陸在全世界都在籌設孔子學院，希望把孔子思想傳播出去；在台灣，媽祖也曾遠渡重洋，到了美國供人膜拜，希望能把媽祖的文化傳播出去。過去台灣的農耕隊，在非洲服務，這就是農業走出去；中國許多文物，巴黎的羅浮宮，英國的大英帝國博物館均有收藏，他們都能走出去。台灣的棒球明星王建民、大陸的籃球國手姚明，甚至過去梅蘭芳的京戲、現在李安的電影「臥虎藏龍」等，都能走出去。所以中國人應該繼續前人的步伐，真正帶著文化走出去。

中國的商人，過去只是為了經商營業而走遍天下；現在中國的學者在各地從事教育，讓全世界的人都因中國人走出去而受到中華文化的熏陶。只要走出去，未來促進彼此的友誼，還有什麼困難呢？

來往

各位讀者，大家吉祥！

世間人類，彼此都要互相來往，來往能增加了解，增加情誼，增加互助。來往的時候，甚至要互相贈送禮品。所謂「來而不往，非禮也」，來往是相互的，是平等的，是彼此尊重，彼此相敬。因為來往，產生很多美好的佳話，像國際間的相互訪問，你來我往，有時發展成文化上的來往、宗教的來往、教育的來往、體育的來往、經濟的來往，當然還有許許多多個別的來往。假如斷絕來往，彼此的關係就很難堪了。

茲就「來往」的內容，略述如下：

一、金錢上的來往：人類來往最頻繁的，要算金錢了。兒童稍懂人事，就曉得伸手向父母要錢。有了金錢的來往，就會相繼的和朋友合夥、向朋友借貸，造成許多喜不喜歡的各種來往。善於金錢來往的日本人，他們講信用、講道義，所以日本的「會社」生意愈做愈大。像日本的交通業、電器業，如豐田、日立、東芝，都是很多人的往來合作關係。但是相對的，有的人與人有金錢往來的時候，喜歡做些小動作，甚至自私，吞沒共財，如此即使有來往，也難以成其大。

二、人情上的來往：人類靠著來往維持彼此的關係，除了金錢來往之外，人情的往來也是非常密切。逢年過節，相互送禮；婚喪喜慶，必定也是「禮多人不怪」。所謂人情往來，舊雨新知都不可以少了來往。說到人情，有的是鄉親，有的是同事，有的是同學；有的是父系的，有的是母系的，各種人情有輕重，來往也就有分寸的不同。

三、商場上的來往：在各種來往當中，商場上的來往，程度深淺，就看彼此是以利為重，或是以義為重？因為商場上的來往，有的人講究「銀貨兩訖」，但也有人「兩代的交往」、「三代的交往」，生出了互信，彼此互相信賴、了解以後，縱有虧欠，也不是那麼計較，這也可以看出中國人重視商場上的信用。當然，也有一些人經不起來往的考驗，一次來往，斷絕了信譽，以後彼此就不來往了。可見來往的基礎，還是要以道義為尊。

四、知識上的來往：中國的倫理關係，君臣、父子以外，恐怕就是師生來往的關係最密切了。學生的成就，都是來自過去明師的教導，明師的成功，也靠學生的成就而光大。老師教學生，傾囊相授，再多的辛苦也毫無怨言；學生也是「有酒食先生饌，有事弟子服其勞」，都覺得心甘情願。

中國的社會，重視親族的來往，師生的來往，朋友的來往，商場買賣的來往，道義上的來往，甚至還有利害的來往。你對長官沒有孝敬，來往不夠，其麻煩就多矣！所以人之通達，對人情的來往，不能不多加注意！

錦上添花
繁盛之極也
非贈詞也
小魚

兩岸的問題

各位讀者，大家吉祥！

「兩岸」就是一個在水的這邊，一個在水的那邊。過去太平洋隔開了東西方的兩岸，台灣海峽也形成了台灣與大陸的兩岸。一旦造成了兩岸，就有彼此，就有你我，就有對立，就很難統一。

世間上無論什麼東西，本來「統一」都是很好的事；如果分裂成兩岸時，再要「統一」，往往兩邊的人都會有異議。

形成兩岸的原因，除了地理因素以外，有很多情況也會造成「兩岸」的對立與紛爭，例如：

一、兩個人的兩岸：張先生、李先生兩個人，來自兩個不同的家庭，有著不同的生長環境、家世背景、教育程度、思慮想法、興趣要求、利害關係；只要有兩個，就會有彼此，就會有分別，所以人與人之間，若要真的做到知交、同心、協力，實在也難。

二、**兩個集團的兩岸**：社會上只要有兩個集團，不管是教育的、公益的、慈善的、工商的、農民的、勞工的、科技的，都會造成彼此的不合。兩個集團，就算是一個商業集團，一個工業集團，彼此雖然沒有直接的利害關係，但只要是兩個集團，就會爾虞我詐，就會發生很多問題。例如你的集團稍微比我的集團名聲好，或者比我的集團多受到一些別人的讚美、肯定，我就見不得你好，所以很難和諧無爭。

三、**兩顆心靈的兩岸**：每個人都有一顆心，我的心，你的心，永遠不會成為一條心。我的心千變萬化，朝秦暮楚，你的心也會朝三暮四，變來變去，始終都是兩顆不同的心。若說我和你兩個人是「知心」，勉強還可以，如果要做到「同心」，實在不是容易的事。世間上無論什麼事業、交情，都要同心同德，才能目標一致。只是即使有一致的目標，兩顆心也會各懷鬼胎，各有想法，所以兩顆心的兩岸，想要成為一體，談何容易？

四、兩種思想的兩岸：思想可以成為人的主張，我主張亂世用重典，你主張輕刑薄罰，以德化人。兩個思想的兩岸永遠不會統一，何況這個世間有千百萬種不同的思想。一般說，人心不同，各如其面；人心的想法，就如人的臉孔，世界上要想找出兩個分毫不差，一模一樣的臉孔，當然不可能。

五、兩種宗教的兩岸：有人說，不同的宗教之間都有排他性。這是必然的，因為每個人的信仰，就像家庭倫理一樣，不容許有兩個爸爸、兩個媽媽。兩個宗教之間，能互相包容、尊重，就已經不容易了，那能建立在同一個平等的天平上呢？所以宗教的兩岸，也是不容易統一的。

六、**兩種主義的兩岸**：自由主義、集權主義，民主主義、階級主義，共產主義、資本主義，只要有兩個主義，就會成為兩岸問題。因為不同的主義，往往相互為敵，相互攻訐，相互排斥，如此怎麼不會天下大亂呢？

綜觀世間，只要成為你我，成為彼此，就有兩岸。例如兩種利益、兩隊球員、兩種產品、兩家公司、兩個民族、兩個國家，都會有層出不窮的問題。所謂「同行相嫉」、「文人相輕」，愈靠近，屬性愈相近，愈會形成問題；反而成為天上天下，成為風馬牛不相及的兩個極端，倒能相安無事。所以世間萬事，到底是靠近好呢？還是遠離好呢？其實，還是不即不離，中道最好。

歧視

各位讀者，大家吉祥！

人活著最大的希望是什麼？要活得有尊嚴！如果遭人歧視，活得一點尊嚴也沒有，那麼活著有什麼意義呢？偏偏在這個世界上，到處都有各種歧視的問題存在，例如：

一、種族歧視：世界上，由於氣候、地理等生長環境的不同，就有各地區不同的種族，就會相互歧視。黃種人、白種

人、黑種人，經常相互歧視，尤其德國的日耳曼民族說，他們一個人勝過其他種族的數十人。其他如英國人、美國人、日本人等，都有一些種族的優越感，所以形成世界上的種族歧視。其實，如果全世界的民族，都能像孫中先生提倡的「五族共和」，都能實現「以平等待我之民族」的理想，那將是何等美好的世界呢？

二、宗教歧視：世界上，每個人都有各自的宗教信仰，但有些人對信仰不同宗教的人士，不屑往來，所以造成宗教之間不能相互尊重，甚至相互歧視。宗教與

宗教之間都不能和平相處，其他不同的政黨、不同的職業之間，又怎能不互相歧視呢？

三、職業歧視：世間的職業有士農工商，有的人坐辦公室，可以舒服的吹冷氣，一些勞動階層的人，則要忍受風吹日曬，靠勞力賺取金錢。假如世界上沒有勞工，無人生產，就如沒有人煮飯，我怎麼能活下去呢？所以大企業家不可以看不起小店經營，有店面的商人也不能看不起擺地攤的小販。世上除了偷、搶等賤業以外，其他的職業都很神聖，都不容被歧視，因為正當的工作，都很偉大。

四、性別歧視：自古以來，男尊女卑，致使千百年來一些有智慧的婦女，受屈受辱。其實男女只是性別的不同，至於能力、智慧，乃至對人類的貢獻，男女都不該有所歧視，有所分別。

五、貧窮歧視：現代人「笑貧不笑娼」，貧窮往往被人恥笑、賤視。貧窮不是什麼罪惡，富有的人為非作歹，興風作浪，大斗進、小斗出，那才是卑賤。貧窮有德的高士，歷代很多，所以貧窮不該被歧視。

六、**階級歧視**：印度是一個階級森嚴的國家，四姓之中的首陀羅被歸為「賤民」，一直被社會拋棄在黑暗的角落裡。其政治的領導人，是沒有能力聞問？還是不想聞問？自古中國的聖德明君，不知看法如何？

總上所說以外，還有很多的歧視，例如對殘障者的歧視，對低能者的歧視，對弱智者的歧視，對年邁者的歧視等。歧視別人，難道自己的地位就能提高了嗎？「歧視」是一種非常落伍的觀念，所謂「大地眾生皆有如來智慧德相」，人人皆有佛性，人人皆可為堯舜，只要人窮志不窮，人人都能尊嚴的活著，都不容被歧視。

刷卡文化

各位讀者，大家吉祥！

近十幾年來，社會上興起一項新的交易機制，就是「刷卡」消費。舉凡購買衣食住行等各項生活用品，或是到大飯店用餐、住宿等，都不必付現金，只要透過「刷卡」，發卡的銀行到月底結帳後再繳交卡費即可。因此現代人出門，根本不必帶錢，只要一卡隨身，就能走遍天下，真是方便無比。

卡，本來叫做「信用卡」，能有信用才有卡。但是現在發卡銀行彼此競爭厲害，為了以廣招徠，多數銀行對申請人的信用考核不嚴謹，造成現在幾乎人人有卡，也因此很多人成了「卡奴」，因為還不起卡債，為卡身敗名裂的大有人在，為卡走上死亡之路的，為數也不少。因此，刷卡雖然方便，但是刷卡不當，也衍生出諸多弊端。究竟有那些不當的刷卡呢？略述如下：

一、**不懂節制的刷卡**：卡，不代表金錢，卡的設計，只代表你的存款；你有多少存款，才可以刷卡消費多少。有的人一卡在手，不懂節制，今天三千、五千，可以刷卡，明天三萬、五萬，也可以刷卡。刷卡的時候不費什麼力氣，但是到了月底結帳時，由於你沒有節制，沒有這麼多存款付帳，問題就此產生了。

二、**不會預算的刷卡**：擁有卡的人，不管金卡、銀卡、鑽石卡，即使額度再高，也不能沒有預算的刷卡。人在世間，不管貧富，要懂得收支平衡，因此要有預算，要了解自己收入多少？能支出多少？有的人因為不懂預算，不計多少的刷卡消費，等到經濟陷入困境，呼天不應，叫地不靈，這也是罪有應得。

三、不知預防的刷卡：刷卡就如使用支票，如果開出的支票超額，銀行裡沒有那麼多存款，就會跳票。一次跳票，失去信用以後，銀行會把你列入黑名單，甚至拒絕往來。現在的刷卡超額，銀行不會退票，所以不懂得預防，一旦到了月底結算時，才發現自己沒有能力付款，這時懊悔就來不及了。

四、不見危機的刷卡：三五朋友外出旅行，這家飯店吃飯，我來刷卡付款，明日要出門到另外的地方去，沒關係，我來刷卡買車票；到大百貨公司、小商店購物，幾百、幾千、幾萬元，我有卡，我來替你們刷卡結帳。等到一趟旅行歸來，刷卡累計的消費額為數可觀。因為刷卡的人沒有想到付款的艱難，等到透支的危機出現，就來不及補救了。

五、不計後果的刷卡：刷卡積欠卡債，有的人是惡意為之，有的人是刷卡時不知後果嚴重，橫豎刷卡能當錢用，於是拼命刷、刷、刷，先刷了再說。但是一個月很快就到，等到繳費時，沒有錢付款，有的人因此借高利貸，有的人則是「以卡養卡」，但是利息循環累計的結果，有的人傾家蕩產，有的人鋃鐺入獄，因此刷卡豈能不計後果！

六、不防盜用的刷卡：刷卡雖然方便，但有時密碼外洩，被人盜用，其結果是別人刷卡，你來付帳，成了冤大頭。所以刷卡時，也不能不預防被盜用的問題。

總之，刷卡是很方便，但是刷卡不當卻是弊端叢生。刷卡到底是現代人的福祉呢？還是多數人的夢魘呢？是好？是壞？就看你怎麼刷卡了！

社會的迷信

各位讀者，大家吉祥！

迷信的產生，起於愚夫愚婦，因為不懂人生社會大自然運轉的道理，對自然界產生迷信。舉凡颳風、下雨、打雷、閃電，都認為有神明在操縱，甚至相信山有山神、水有水神、地有地神、草木有草木神等，可以說大自然裡，各種神明無所不在。

其實，人間有很多的迷惘，都會產生迷信，就算是一些學者專家，甚至科學家，也有迷信！事情巧合，造成意想不到的結果，他相信有不可思議的神力在操縱。甚至有的人不問理由，盡忠愛國，甘願為國家捐軀，這也是一種迷信的力量。再如宗教的崇拜、思想的執著，都可以成為迷信。迷信也不一定全然不好，所謂迷信，只是不知所以然而信仰執著，只要正派，迷信雖不如正信，但總比邪信為好。

試就世間常見的迷信一說：

一、對地理方位的迷信：天有天理、人有人理，地當然也有地理。地的方位，只要向陽、採光好、方位正當，就是好地理，不一定要什麼寶座型、蓮花型，龍穴型，才是好地理。在同一條中山北路上，有幾百家的店，方向同樣向東或同樣向西，當中有的人賺錢，有的人蝕本，可見富貴窮通，並不全然取決於地理方位，還是人為的因素居多，人的經營得法與否，才是真正的主因。

二、對時辰日期的迷信：西洋人認為，十三日又逢星期五，是最不好的時日，稱為「黑色星期五」。但是，在十三日或星期五開幕的商店，後來發展一路亨通、大吉大利的，

為數也很多。再說，從世界各國的時間來看，格林威治標準時間，美國紐約二十四點，在中國正是十二點，相差十二小時。就是鄰近的日本也快台灣一小時，印度慢台灣二小時。現在通行的陽曆，與民間的農曆也有不同，農曆對於節令，農夫耕種都有它的標準，因此若以時辰來論吉凶，實在過分迷信。其實，現代人的婚喪喜慶，大都以星期六、日，或國定例假日行之，可見現代人多數已能跳脫迷信的桎梏，對時間的迷信已經逐漸在改進中。

三、對語言說話的迷信：中國人一向喜歡講吉祥話，過年要說「恭喜」，早上要道「早安」，才是吉祥。另外，也有一些忌諱的話，例如離開監獄時不能說「再見」，醫院裡也不可以說「請再來」，認為這會觸霉頭。其實語言如果真的有這麼大的力量，世上就無須使用刀槍，而用語言代替刀槍，不是更有用嗎？佛教的「四依止」中，有「依義不依語」的訓示，語言百千萬種，如果都要忌諱的話，那麼我們的一言一行動輒得咎，則人生自我束縛，就會苦不堪言。

四、對算命習俗的迷信：世間上，天理、地理、物理、情理，當然也有「命理」，所以古老的易經一直被算命人奉為聖典。但是人的命運也不是定型的，善惡行為都能改變命運。命運不好，不必怨歎，只要改善行為，命運就會好轉。

另外，一般人對習俗的迷信，例如，農曆七月稱為「鬼月」，認為諸事不宜，不可搬家，不能嫁娶等。其實「鬼」的世界和人的世界算法不一樣，人類自我用神話來束縛自己，真是自找麻煩。所以，現代的人生，應該從一些不必要的神權迷信中解脫出來，才是有理智的民主社會。

遊戲

各位讀者，大家吉祥！

不管兒童、青少年、成年人，都喜歡遊戲。兒童的遊戲有丟手帕、捉迷藏、老鷹捉小雞、扯鈴、踢毽子、跳格子、跳繩、大風吹等。青年人的遊戲，包括唱山歌、遊龍戲鳳、拼圖，甚至各種體育運動，都是青少年的遊戲。成年人的遊戲就更多了，諸如下棋、跳舞、打麻將等。

世界上的人，民族性雖有不同，但喜愛遊戲的性格大致相近。有人說，美國是最提倡兒童遊戲的國家，製造出很多益智性的兒童玩具和玩偶，如唐老鴨、米老鼠等，都是兒童最愛的玩偶，因此有人說，美國是兒童的天堂、青年的戰場、老人的墳場。

其實不然，美國人給予兒童的遊戲固然很多，對青年的運動，上山下海，各種旅行，各種運動，多得不勝枚舉。對於老人，政府更是出資，在每個社區提倡老人的聚會、老人的訪問、老人的遊戲、老人的往來等，可以說，美國不但是兒童的天堂，也是青年和老人的天堂。

遊戲無論對兒童、青年、老人而言，都是生活的一種調劑，尤其遊戲具有多種功能，略述如下：

一、**可以學習觀摩**：一個怕羞的兒童，看到別人在玩老鷹捉小雞、丟手帕等遊戲，他也會躍躍欲試。如果讓他加入團體，共同參加遊戲，藉機與大眾互動，可以培養合群樂群的性格，有助人格的正常發展。如果是青年人學習運動，不管各種球類、田徑，不但可以鍛鍊體魄，也可以學習很多技巧。至於老年人，下一盤圍棋，玩個橋牌，打個四圈衛生麻將，彼此觀摩，相互學習，一起進步，所以遊戲是各種年齡的人不可少的娛樂。

二、可以互動往來：遊戲，一個人玩不起來，需要有人配合。在運動場上，不管打籃球、踢足球等，雖然是敵對的雙方，但彼此都要感謝對方，沒有你，我就無法打球，球賽就玩不起來。所以無論是兒童、青年、老人，只要肯參與遊戲，就能和很多人互動往來，增加彼此的了解，這是遊戲不可少的第二個理由。

三、可以溝通人際：兒童在玩遊戲時，有時頑皮過分，打罵傷人，但是到了下次遊戲時，又會成為朋友。青年人打球，今日是球場上的敵手，他日在別處相見，可能成為最好的朋友。一些老年人，在一起下棋，很自然的就會互相訴說當年往事，溝通人際關係，增加彼此友誼，這是遊戲的第三個功能。

四、可以促進健康：兒童讀書，有時不容易開智慧，玩遊戲能玩出聰明智慧來。青年人不喜歡讀書，但他喜愛運動；透過正當的遊戲，讓青少年不致走進不正當的場所，有益身心健康。老年人在一起下一盤棋，不管象棋、圍棋，甚至跳棋，能動腦思考，促進腦筋活動，不致罹患老人癡呆症，也是對健康有益。

人不是工作的機器，人生除了工作以外，應該要有許多有益身心的活動和遊戲。一個健康的家庭，要有家庭的遊戲；一個健康的社會，也要提倡各種有益身心健康的運動和遊戲。甚至現在的政治人物都說，政治有政治的遊戲規則，經濟有經濟的遊戲規則，可見正當的遊戲，不妨多多提倡。

門檻

各位讀者，大家吉祥！

古老的建築，門框下方貼近地面的部位，都會設一條橫木，稱為「門檻」，高約五寸，但也有的高達一尺以上，我們就說這一戶人家門檻很高。

門檻高的宅第，代表富貴，代表家世顯赫；只是現代化的建築，都講究「無障礙」空間，所以門檻已經不適用於今日。不過現代社會、人間諸事，也有很多的門檻，於此一談。

一、**留學的門檻是才智**：莘莘學子想要跨出留學的門檻，到世界各大名校留學讀書，首先要有學業的基礎，甚至要能通曉外文，經過

國家考試認可，取得留學資格，同時獲得報考學校的錄取，如此即可出國留學，展開專業學術的研究。留學生涯，有的一待就是十年、八年，好不容易才能取得一個學位。通過留學的門檻，就是才智出眾，因此青年學生莫不競相留學，以便能躍登龍門，成為國家的學人。

二、就業的門檻是能力：完成學業的青年，接著就是忙著就業，就業又是人生的另一個門檻。跨過就業的門檻，找到工作，這不但要學業好，還要能力強。一般留學生在國外的名校畢業，學有專精，回到祖國後，就此展現能力。有的服務於工商企業，有的投身於教育學術，有的從事政經文化，乃至在外交、內政上各憑所學，各領風騷。就算跨過了就業的門檻，能力重要，人緣更重要。這個時候就要廣結善緣，要學習與人相處，要講究服務品質，要能獲得長官的信賴，以及同事的推崇，工作成績迭有表現，如此能力才算是真正派上了用場。

三、愛情的門檻是財富：青年創業有成，這時到了適婚年齡，就想到婚姻；結婚之後，才算是真正的成家立業。婚姻的前奏曲，必須要有情人，情人在那裡？在金錢財富的後面。有人說，沒有麵包，那有愛情？現代社會，不管男婚女嫁，彼此都要有經濟的條件。要成家，能沒有房子嗎？一棟房子需要多少錢？要結婚，就必須養家活口。尤其結婚的門檻，不但金錢富有，還要父母同意，甚至家族親人都要摻一腳，表示意見，他們也因此成為門檻的附件。

四、升官的門檻是關係：學業、工作、婚姻的門檻都跨過以後，再來就想到要升官。服務於國家的政務官、各級民代，當然想要升官，即使是私人的團體企業，也希望升級，這時就要講究社會的關係了。有語云：「朝中無人莫做官」！你想要謀個一官半職，不管是仗

陶然自樂

一印之成，應在十五分鐘左右，像寫字一樣，否則就雕工太過，至於前裂後裂很花時間，是另一回事。小魚

著父母的關係，裙帶的關係，朋友的關係，同鄉、同學等關係，都需要有關係；有關係，你就能跨過這一道一道的門檻，如此前途才能順利。

其實，以上所提，只是青年階段想要登堂入室，必須跨越的門檻，事實上，人生還有更多社會的門檻，等著你跨越。有人迫害你，你如何跨過迫害的門檻？有人嫉妒你，你如何跨過嫉妒的門檻？功名有功名的門檻，人緣有人緣的門檻，感情有感情的門檻，一切人事財物，都有門檻，你都能一一通過，才能奔向前程。

青少年的問題

各位讀者，大家吉祥！

現在社會上有許多難以解決的問題，青少年問題之嚴重，就是其中之一。青少年有些什麼樣的問題呢？

一、身心難以平衡：青少年在成長期中，身體與心理不斷在變化，這時如果沒有適當的思想教育、心理教育，在幼小的心靈裡容易失去平衡。例如生理上的變化，有時連父母都不敢訴說，造成對人生的迷惘；因為沒有正當而適時的開導、教育，遇到挫折很容易自暴自棄，這是現在家庭教育最大的隱憂。

二、難敵外境的誘惑：青少年脆弱的心靈，道德教育還沒有生

根，對外境的誘惑當然沒有充分的力量抵抗，也拿不定標準。例如一個青少年從學校走回家中，你可知道他一路上要經過多少關卡的試驗嗎？諸如撞球場、網咖、卡拉OK等不正當的場合在招手，飆車、賭博、吸毒、幫派、集體械鬥等不好的朋友在引誘。關雲長有過人的武功，才能過五關斬六將；小小年紀的他，那有那麼大的功力過關呢？

三、對自我了解不夠：青少年如果缺少父母愛的教育、德的開導，給予鼓舞，很難對自我有充分的了解。偏偏現代青少年不容易有福享受正常的親情關愛，只靠自己在人生的旅途上摸索，憑著一知半解惹下問題，往往遭受責備、打罵、怨怪，如此更加使得青少年隱藏自己，逃避現實，所謂「借酒澆愁」，當然只有「愁更愁」了。

四、**學習課業的壓力**：青少年從兒童時期起，就背負著沉重的書包，天天往來學校、家庭之間，老師父母只是要求他成聖成賢，但沒有幫助他解決問題。假如現在的父母能陪著兒女成長，每天有一個小時的時間輔導他的課業，減少他的困難壓力，讓他感到讀書有樂趣，不要對讀書感到厭倦，則愛讀書的青少年必能減少許多問題。

五、**青澀情感的迷思**：青少年情竇初開，深藏在心底的秘密總是不容易為人所知。現在的學校、家庭，對這方面都沒有一個正當的規範教育，父母或者抬出一些固有的禮教，老師只是強行呵責不可，

讓他幼小的心靈只有偷偷找尋不正當的解決方法。例如，偷看黃色小說，邀約三五好友在不正當的場所遊蕩，他認為橫豎無人了解他的心情，只有用不正當的方法來麻醉自己，這不但是青少年的墮落，也是社會的沉淪。

六、**父母親的期許**：一般父母，自己沒有完成的目標，總希望兒女能完成，例如沒有出國留學，沒有得到博士，沒有考上明星學校，沒有鋼琴、舞蹈、藝術的天才，好像在人際之間自己矮了許多，因此把遺憾寄託在兒女身上。有的青少年本身自信心不夠，內心對前途感到惶恐、不安，這時面對父母的期許，只有讓他更加難以負荷。

七、對傳統的叛逆：青少年受到時代思潮的影響，尤其現在是個知識爆炸的社會，他對傳統自然產生一種不成熟的叛逆，但又不敢像一般真正的革命者，對傳統抗命，只是自己覺得不以為然的事，一直在心中發酵，很容易走上極端，因此不正當的行為、思想就會產生。

青少年很多問題，都需要朋友的開導，然而父母能做他的朋友嗎？老師能做他的朋友嗎？當青少年對人生感到迷惘的時候，如果能有他心目中的師長父母、朋友，適時的引導他，必然能得救。

挖角

各位讀者，大家吉祥！

社會上，各行各業都有一些特殊、傑出的人才；是人才就為各方所需要，就會出現「挖角」的現象。

會煮菜的廚師，各大飯店不惜重金禮聘，想要挖角；一個優異的運動選手，各家也都希望挖到這種角色。美國首富微軟公司的創辦人比爾．蓋茲，為了發展他的事業，最初也是在世界各處挖角，甚至他在《比爾．蓋茲智慧全集》一書裡說：「如果把我們公司最優秀的二十個人帶走，那麼我告訴你，微軟就會變成一個無足輕重的公司。」

微軟公司所以能鋪天蓋地的影響全球，因為他懂得人才的重要。人才也不一定要靠挖角而來，挖角不是最好的事，假如自己能培養人才，又何必到別的團體去挖角呢？但是這個世界要靠競爭，才有成就，才能勝利，所以挖掘重要的人才，成就重要的事業，也是世間「物競天擇」的自然之理。

挖角既是社會免不了的事，自家公司也要設法避免人才外流。如何才能避免人才被挖角呢？

一、**用教育避免挖角**：台灣各個國立大學，每年到了招生之際，都會使用金錢攻勢，到全省各所高中挖掘優秀學生；反之，私立大學沒有雄厚的財力，比不過國立大學的「挖角」行動，只有提升

自己的教育。美國麻省理工學院、史丹佛大學、耶魯大學等，都是私校，但他們辦學有成，憑著優異的成績，不但能發掘人才，也能留住人才。由此可見，只要有好的師資，好的設備，能夠滿足學生的求知欲望，又何必怕別人來挖角呢？

二、用愛護避免挖角：一個團體裡，優秀人才很容易被別人用優厚待遇挖角而去。假如對人才能愛護、提拔，滿足他的需求，讓他感到自己的長官就是伯樂，如此即使他本身是千里馬，也需要伯樂的提拔、賞識，自然不會輕易投靠他人。

三、用重用避免挖角：是個人才，就要好好的重用他，讓他有所發揮，自然不會被別人挖角。蕭何把韓信從楚霸王的營中挖角到漢營，當漢高祖知道他是個人才，即刻封他為大將軍，甚至為他築壇拜將，讓韓信受此隆重厚待，於是知恩圖報，終於幫漢高祖逐鹿中原，打敗項羽，建立大漢王朝，所以重用人才，人才自然不會求去。

四、**用希望避免挖角**：人生的意義是活在希望裡，假如人才在你這裡服務，他對自己的前途感到毫無希望，如此即使待遇再優渥，也留不住人才。因此，留住人才之道，要讓團體的分子，感覺到前途有希望。平時的加薪升官，這只是人才起碼的希望，更重要的希望是在工作的意義、工作的成就、工作對普世的價值。能讓人才工作在希望裡，從工作裡看到自己未來的希望，還怕留不住人才嗎？

前途在那裡？

各位讀者，大家吉祥！

每一個人都希望自己有前途，前途在那裡？有人以為前途在運氣裡，有人認為家世背景好自然有前途。其實，真正說來，前途在那裡？有四點：

一、前途在賢明主管裡：所謂「良禽擇木而棲，忠臣擇主而事」，我們遇到好的主管，他會領導我們、指導我們、開導我們，我們擁護他、尊重他、支持他，他必然也會提拔我們、重視我們，給我們許多機會，如此我們的前途當然會順利一些。

只是時下有一些人，自己不會做主管，既不能領導別人，也不會做別人的屬下，不肯接受主管的領導，經常和主管齟齬不斷，關係不協調；主管得不到你善意的支持，他恨不得一腳把你踢開，那裡還會想到你的前途呢？你得罪了主管，主管可以舉出你的缺點，別人必然也會對你敬而遠之，如此你的前途一定會受到很大的傷害。所以，吾人在家要孝順父母，入學要尊敬師長，走上社會要擁護主管。只要是正當的公事，必然要了解主管的需要，全力配合主管，為主管排難解紛；能夠得到主管的欣賞，還怕沒有前途嗎？

二、前途在實力能幹裡：我們的前途在那裡？在自己的真才實學裡。一個有實力、有才幹的人，別人自然會欣賞你。現在一般名校出身的學生，大都比較容易找到工作；因為名校的學生，必然比較能受到良師益友的教育、薰陶。尤其像台大的醫科、清大的電機、東吳的法律、文藻的外語、南華的生死學等，都在社會上樹立了一定的口碑，受到普遍的肯定。你從這些名校、名師出身，你的能力會獲得多人的信賴，因此往往學校還沒畢業，社會上的聘書已紛至沓來。所謂「有其因，必有其果」，年輕人懂得打好自己的基礎，具有實力、才華，又懂得做人處事，如此必然前途無量。

三、**前途在勤勞發心裡**：任何一個事業體，主管都喜歡部下樂觀進取，勤勞發心。尤其僱主花薪水僱用了你，你不全力以赴，工作懶洋洋的，絲毫提不起熱誠、動力，如此就算你的家世背景再好，社會因緣關係再充分，甚至利用權勢得以身居高位，你的同事也會輕視你，看扁你，你的主管也不會賞識你、重用你。相反的，如果你不計較待遇、名位，只要自己喜歡的工作，就好好的認真投入，久而久之，主管重視你，同事讚美你，如此還愁沒有前途嗎？

四、**前途在善因好緣裡**：人在社會上立身處世、工作服務，都

不是單獨一個人所能成，必須仰賴各種因緣成就，所以平時要培養各種因緣。所謂「因緣」，就在我們平時的一句話、一個微笑，乃至舉手之勞裡；你對別人有幫助、利益，結了很多善因好緣，還怕沒有收穫嗎？有的人平時沒有結緣，臨時到處請託，希望找一份職業，總是千難萬難；有的人因為平時結的緣廣，一旦需要的時候，無須開口，各種關係自然找上門來，這不就是善因好緣的結果嗎？

所以，吾人想要有好的前途，一定要懂得尊重主管，講究實力，勤勞發心，培養各種因緣。有了這些條件，何愁沒有前途！

卷三

思想訓練

凡做一件事，
從制訂方案、計劃開始，就要想到接下來
一連串進行的步驟、程序，及條件。
思想的啓發，
並非只從書本上的知識、學問就能獲得，
更要從實務經驗中磨練、累積，
尤其要懂得處處用心，如此日久自然成。

拚經濟

各位讀者，大家吉祥！

現在舉世正在吹起一股「經濟熱」，每個國家都在積極發展經濟。經濟繁榮是國家富強安定的重要因素，當然全體人民都十分關心經濟的成長。現在的軍事大國沒有人尊敬，飛彈大國也沒有可佩，反而經濟大國、人才大國、環保大國、民主大國受人尊重。

經濟，經濟，如何拚經濟呢？

一、走出去拚經濟：現在是全球化的時代，拚經濟要「走出去」，不能有鎖國的思想。只在自己的國家裡產銷，成品不能外流，貨源不能充足，這樣的經濟沒有人欣賞。所以因應時代趨勢，希望學有專長的經濟專家，都能如外交人員一樣，在每個國家設有代表處，和當地國家的高層不斷交流、接觸，一方面觀摩、學習他人之長，同時對自己國家的經濟要能瞭若指掌，深有研究，才能與人對話，交換意見，溝通往來。

二、忙生產拚經濟：拚經濟先要增加生產，產品要豐富，技術要精良。台灣的加工出口區，不是曾經一度帶來經濟的繁榮嗎？台灣的電腦業，也曾在世界領先群倫。過去政府對這些生產的企業家，也都多所照顧，而今很多企業家產業外移，這是值得重視的異常現象。

三、講清廉拚經濟：拚經濟須從政府人員清廉正直做起，一件拉法葉案，沸沸揚揚在國際間喧騰一時；一個官員貪污的國家，怎麼能跟人拚經濟呢？台灣企業家移民到美國，最感懷念的就是台灣的官員貪污，因為貪污讓他們好做事。到了美國，因為他們講法紀不貪污，反令大家不習慣。一個貪污成為風氣的國家，必定腐敗、沉淪，不會有上升的經濟。

四、**多交流拚經濟**：中國大陸現在不斷向全世界招商，給予種種優待；反之，世界的廠商從台灣出走，為數不少。例如杜邦，一年有幾千億營業額的大公司，我們留不住，眼看他們一一流失，不但減少國內人民就業機會，尤其對外的交流，以及國際聲望，都備受打擊。

五、**重服務拚經濟**：國家的公務人員，本來應該是為人民服務的公僕，但有些官員卻盡量給民間及農工商界麻煩。一條道路可以一修幾年，一條水溝也可以幾年不通，一個送水也要申請數年。花蓮海洋公園的開發建設，光是官員的印章就蓋了一千多個，讓有心拚經濟、搞發展的人，能不灰心嗎？

六、**大開放拚經濟**：我們拚經濟，不但要走出去，自己的國家也要大開放。台灣過去發展觀光事業，雖然台灣的觀光算不上一流，但台灣的人情味贏得多少國際觀光客的讚美。只是好景不再，現在台灣的媒體，對於觀光客都很不留情的給予批評，比方說日本的男人到台灣，好像一個個都是為了買春而來，台灣的女性到日本旅遊，一個個也好像都是為了賣春而去。凡此，對於「走出去」及「歡迎進來」，都造成不良的影響。另外，飯店小費太高，交通費用太貴，服務的語言、態度都不夠國際水準。眼看觀光客紛紛到大陸去，包括台灣民眾也一窩蜂到大陸旅遊，這對台灣的經濟發展，都是一大損失。

總之，政府要拚經濟，除了上述以外，還要守法制、均貧富，尤其要幫忙小企業發展。過去政府有青年創業貸款，提供小型企業資本；小企業有了奮鬥發展的基礎，再有大企業的拉拔，如此國家的經濟還怕不能振興嗎？

流行

各位讀者，大家吉祥！

每個時代，社會上都有一些流行的事情。例如，唐朝流行詩文，宋元流行詞曲，明清流行小說，民初就流行白話文。現在社會上流行的就更加擴大了，例如現代青年流行染髮、穿耳洞、紋眉、紋身等，平時的服裝、皮包、手機等，也都崇尚名牌，追逐新潮、時髦。尤其現代的新人類流行「火星文」，甚至喜歡「追星」，所以中外許多偶像明星，幾乎各自擁有龐大的「粉絲」團。

現代流行的花樣，五彩

繽紛，令人目不暇給。對於流行，所謂「風行草偃」，流行一旦形成風氣，對整個社會將產生全面性的影響，所以流行要能形成善良風俗，才值得推動，是故對於流行，也不能不給予一些規範。茲將流行的原則，試論如下：

一、通俗但不流俗：所謂流行，可以通俗，但不能流俗，例如上個世紀流行說書，但現在流行講演；過去流行

唱戲，現在流行唱歌；過去流行特技，現在流行舞蹈。現在社會在進步，有一些層次高的人士，帶動社會藝術化，所以現在社會流行的層次一再提升，這就是通俗，但不流俗。我們看現在的社會，有的地方建了一座花園，到處都建花園；有人建寶塔，到處建寶塔；有人建大佛，大佛隨處可見。所幸現在開設舞廳、賭場，都有限制，所以流行只會通俗，而不會流俗。

二、**跟從但不盲從**：現在有很多明星學校，成績好的學生都想考取名校，就讀名科系，跟隨名師學習；但也有的學生，考量自己的智能、興趣，他知道不一定要盲目跟隨別人，不一定要躋身名校才能出人頭地。就像台灣有很多的名師、名教授，如錢穆、王雲五先生等，他們都不是什麼名校畢業，而是靠著自學有成，一樣可以成為國學大師，乃至出版大家。所以，不盲從，立定自己的志向，努力奮發才是重要。

三、追求但不沉迷：追求時尚，追求名位，追求高薪，甚至追求榮華富貴，這都是人之常情。但是追求要有品味，這是非常重要的。如果一件事不高尚，沒有品味，而你卻一直沉迷其中，只有浪費時間、生命。例如現在電腦網路資訊發達，但是有的人流連網咖，沉迷於打電腦遊戲；有的人喜愛音樂，但不追求更高的境界，只沉迷於小調歌曲，如何能成功呢？當然，追求也不一定就要成功，但如果能提高自己的格調、品味，即使不能成功，對人品也不會有所損害。

四、享受但不放縱：現在年輕人，多數喜歡看電視、聽音樂、吃美食、到處旅行、遊山玩水等。適度而正當的享受，都是正常人生應有的調劑，但是享受之餘不能縱情酒色、沉迷玩樂等，否則就不能了解流行的意義了。

虐待兒童

各位讀者，大家吉祥！

兒童是國家未來的主人翁，但在東西方都有很多虐待兒童的案例。不過，基本上西方還有兒童保護法，尤其有人說，美國是兒童的天堂，是青年的戰場，是老人的墳場，可見兒童在美國受到的重視與保護之周全。

反觀東方，虐待兒童不但司空見慣，而且好像是理所當然的事，有些父母打罵兒女，還理直氣壯的說：「兒女是我養的，我為什麼不可以打罵他？」所以東方不少兒童就在這樣的思想下，成為受虐兒童，也讓東方成為兒童的墳場。

茲將兒童受虐的內容，略說如下：

一、**罵他、打他，不鼓勵他**：有的父母為了打孩子，特地製作「家法」，每次打小孩都是棍棒、藤條齊來，甚至一天要打上好幾次，每次打小孩的理由都是冠冕堂皇，例如小孩子難教，不打他、罵他，如何成器？甚至不只父母打罵，學校的老師也以打罵為教育方法，學生不會背書就罰跪，寫字作文不好就罰打；因為無能的父母與老師，除了打罵以外，不懂得鼓勵他，給予愛的教育，因此可憐的兒童就這樣成為體罰下的受虐兒了。

二、**氣他、嫌他，不教育他**：天下的父母，當然多數都把兒女當成自己心頭上的一塊肉，愛他、保護他；但是有的父母兒女一多，就會氣他為什麼要生到我家裡來？甚至嫌他成為家裡的負擔。由於父母經常生他的氣，不時的嫌他這也不好，那也不對，兒女於是成為驚弓之鳥，視家庭為牢獄，對家毫不眷戀，日子久了就會蹺家，甚至逃學，所以家庭教育失敗，連帶的也影響學校教育，乃至導致社會問題叢生。

三、怪他、恨他，不關愛他：在中國的家庭裡，常見一些媽媽打破了一個碗，就怪兒女沒有幫忙；父親在外面受了別人的氣，回到家裡也拿兒女出氣，動不動就怪兒女不成材，恨兒女不成器。尤其有的父母不和，任何一方都可以把氣出在孩子身上，所以有很多兒童在家庭裡，整天只看到父母的戰爭、相罵，得不到父母的關愛，不成為問題兒童也難。

四、任他、隨他，不扶養他：現代的父母，每天忙著上班賺錢，疏於照顧兒女，也少有時間與兒女互動，增進親子情誼。尤其現在很多雙薪家庭，父母同時在外上班工作，兒女每日放學回家，父母還未下班，於是成為鑰匙兒童，乃至成為飆車族，甚至加入打群架的幫派。這都是由於父母放任兒女，隨兒女自生自滅，沒有負起扶養的責任。一棵剛出土的幼苗，沒有澆水、施肥，花草樹木也不能正常成長，何況很多單親的幼小兒童，沒有正常的家庭扶養、教育，任他、隨他又怎麼能成功呢？

總之，虐待兒童的定義，不只是身體上的打罵，還包括精神虐待，甚至性虐待、疏於照顧等。上述的情況當然不一定全然如此，但是只要有幾分之幾的兒童在這樣的環境裡成長，他能健全成長，成為國家的主人翁嗎？所以兒童受虐的問題不容忽視。

書中有什麼

各位讀者，大家吉祥！

古人說：「書中自有黃金屋，書中自有顏如玉。」在古老的時代，沒有電視機、收音機，人們只能從閱讀書籍與語言交談中得知天下事。所謂「秀才不出門，能知天下事」，就是說明「書」的重要性。

書籍不但能增加我們的知識、智慧，改變我們的氣質、品德；讀書更能開擴我們的思想、見聞，讓我們真正認識宇宙人生。所謂「開卷有益」，只要我們善擇好書，多讀書必然對自己的人生有很大的助益，因為：

第一、書中有知識：現在是個知識爆炸的時代，網路上的資訊包羅萬象，而且傳遞迅速。處在這個時代，唯有終生學習，吸取新知，才能因應不斷改變的世界。而獲得新知、充實知識的途徑，除了網際網路以外，「書」是另一個最佳的媒介。根據報導，現在舉世每年都有十萬本新書問世，每個人一天要讀二百八十八本書才能跟上時代，所以唯有多讀書，才有豐富的知識，才不會被時代淘汰。

第二、書中有明鏡：歷史書中的成敗興衰，能讓我們鑑古知今；勵志書中的名言佳句，能作為我們待人處世的殷鑑；故事書中的忠奸善惡，能幫助我們明因識果，增加對人生的理解。除此以外，只要是有益身心的書籍，都可以作為我們的明鏡，藉以認識自己，看清人生。

第三、書中有前途：書，好比是我們人生道路的指南針，指引我們人生的前途；也好比是人生道路的食糧，隨時補充足夠的能量。諸如性向的分析、工作的選擇、職場優劣剖析等，都是人生很好的參考書。

第四、書中有世界：資訊發達的現代社會，如何讓「八千里路雲和月」成為「小小世界」，只要手中握有旅遊手冊、名勝導覽、介紹古蹟文物的雜誌等，就可以「臥遊天下」，足不出戶也能飽覽世界風光。

第五、書中有方法：工具書是我們讀書、工作的好幫手，除此以外，現今有許多書標榜著如何讀書的方法、致富的方法、成功的方法，甚至烹飪、園藝、美工等各類書籍，只要懂得好好利用，都可以在生活中發揮助益。

第六、書中有自己：宗教書籍有別於世間一般書籍，藉由分析人生實相，讓我們認識人生，瞭解自己，讓自己不再受虛妄煩惱所惑，所以閱讀正信宗教的書籍，可以找到自己。

讀書要靠日積月累，要持之有恆，而且不能把讀書當兒戲，不能輕忽為之；讀書是很認真的事業，讀書是每日必做的功課，所謂「三天不讀書，言語乏味」，所以唯有養成每日讀書的習慣，才能建立「書香人生」。

缺陷的痛苦

各位讀者，大家吉祥！

一個健全的生命，必定有健全的身體；身體能夠行動自如，才能生存於世。例如蛇雖然沒有手腳，但牠靠著彎曲身體行走；游魚也沒有向前的動力，但牠靠著尾巴擺動，還是能在水中悠遊自在。

澳洲有很多動物，如無尾熊、袋鼠等，都有一個袋子。因為澳洲的幅員很大，牠們需要帶著自己的孩子到處覓食，有個袋子，母子一起行動，比較放心。

貓頭鷹白天是個瞎子，到了晚間眼睛特別明亮。有些動物雖然天生有所缺陷，卻反而成為牠的長處；但是人有了缺陷，就覺得痛苦不堪。人有那些缺陷上的痛苦呢？

一、瞎子：有的人在生命成長的過程中，因為病變或外力的傷害，以致見不到光明；有的人一出生，就看不見彩色的世界，終生活在黑暗的世界裡，形形色色的人間萬象再美麗，都與他無關。

不管是後天或先天的盲者，既是瞎子，就不要妄想重見光明；應該調整心態，雖然看不到外面的世界，但可以看自己的內心。內心有思想、有希望、有目標，尤其有佛法常駐心頭，把佛法在胸中昇華，也能獲得大自在。

二、啞巴：有口難言，有話說不出，這是最苦的事；但是啞巴也是世界上最不造口業的人。佛教講，「身口意」所造的十惡業中，以口業最多，占了四種，分別是妄言、惡口、兩舌、綺語。如果是啞巴，至少口業一項天生就不會違犯，未嘗不是好事。

不過，啞巴雖然不能用口言語，但還是可以靠筆書，甚至用手語表達意思，一樣可以與常人溝通無礙，所以啞巴也不見得不好。

三、**聾子**：人有時候喜歡活在無聲的世界裡，寂靜無聲是最美好的時刻，但長期生活在沒有一點聲音的天地間，也會覺得寂寞可怕。不過世界上也有人希望「耳不聽，心不煩」，因為平時所聽到的都是煩惱之音，都是令人不快的事，假如不聽，倒也免去很多煩惱。

四、**手足不全**：雙腳殘廢，一步都不能走動，遠方的世界固然不能到達，即使近處有黃金財寶，也無法取得。無足的人，尤其眼看著他人奔跑跳躍，自由自在，自己卻寸步難行，其痛苦實不足為外人道。其實無足的動物如蚯蚓、蛇、魚，都沒有手腳，一樣發揮出牠們的本能。也曾在電視上看過，一個四肢殘缺的人，竟能洗衣、煮三餐、穿針引線，無所不能，真是不可思議。所以，無手無腳的人，最好能接受一些特殊的才能訓練，讓自己殘而不廢，千萬不要被身體上的缺陷擊倒，成為生命中的障礙。

以上所說，大都是由於六根不全所帶來的不便與痛苦。從佛法的觀點來看，如〈因果十來偈〉說：「端正者忍辱中來，貧窮者慳貪中來，高位者禮拜中來，下賤者憍慢中來，瘖啞者誹謗中來，盲聾者不信中來……」。六根不全，離不開因果業力，但是有的人因為殘障而奮發向上，反而得到殘障的利益，像貝多芬如果耳朵不聾，何能做出貝多芬交響樂？再如一些口足畫家，不也是因為身體殘疾，反而能在另外的方面創造出不凡的成就嗎？所謂「失之東隅，收之桑榆」，身體有了殘障，也不必把他當成世界末日來臨一般，只要自己鼓起勇氣，仍然可以向生命挑戰，一樣能夠活出生命的尊嚴。

思想訓練

各位讀者，大家吉祥！

中國的教育，一直被人詬病為「填鴨式」教育，只是死記名相，不去研究內涵、意義，所謂「知其然，不知其所以然」；因為沒有思想飛揚的教育，搞得現在的年輕人想像力愈來愈貧乏。當前補救之道，應該施以思想訓練，要讓他們懂得舉一反三、聞一知十，要豐富他們的想像力，要提供他們充分的學習機會，茲舉事例如下：

一、**一切事要有「一二三」的層次**：要告訴年輕人，做任何事不是一廂情願，不能只有一條道路；凡一切事，都應該有第一案、第二案、第三案……經過研究以後，再來選擇那一案。

二、一切事要有「為什麼」的問號：做任何事，必須要問「為什麼」：為什麼這麼做？為什麼需要做？做這件事的目的是為什麼？做了以後的結果又是如何？能思前顧後的把「為什麼」想清楚，將來發生任何問題都能成竹在胸，都有應變、解決的辦法。

三、一切事要有「怎麼樣」的結論：人不可能十項全能，當然不是每一件事都能全部了解，所以要旁徵博引，尤其要徵求別人的看法，聽取別人的意見，參考別人對這件事的想法、建議，所謂「集思廣益」，結合多人的智慧，不但能使事情做得圓滿，自己也能從中學習、獲益。

四、一切事要有「過去因」的了解：做一件事情之前，能先了解來龍去脈，懂得前因後果，明白各種因緣關係，才能全盤掌握，而不

致狀況百出。

五、一切事要有「未來果」的預知：做任何事，要先預測結果，就如農夫春天播種，也會盤算秋天能有多少收成。預測未來果，不僅是評估成效合不合乎成本，更要想到合不合法，也就是要有因果觀念，不能只知道做，不知道結果，沒有因果觀念，正如一些貪贓枉法之輩，就是因為沒有想到結果，於是作奸犯科的結果就是鋃鐺下獄。

六、一切事要有「分析說」的理解：任何一件事，未必全好，也不必然全壞，所以要把利弊得失分析清楚，才能夠去蕪存菁、汰沙留金。

七、一切事要有「綜合講」的統籌：做一件事，難免千頭萬緒，所以要有綜合、統籌的能力，如此才能把各分支機構、各相關單位緊密連繫、配合，也才不致亂無章法。

綜上所述，所謂思想訓練，就是凡做一件事，從制訂方案、計劃開始，就要想到接下來一連串進行的步驟、程序，以及該具備的條件，例如經費的籌措、各種因緣的培養、各相關單位的接洽連繫，以及各種可能發生情況，包括利弊得失的評估等，一切都要明明白白、清清楚楚之後才能進行。因此，思想的啟發，並非只從書本上的知識、學問就能獲得，更要從實務經驗中磨練、累積，尤其要懂得處處用心，如此日久自然成。

高手

各位讀者，大家吉祥！

俗語說「高手過招，出手不凡」。高手就是功力高人一等的人，例如有的人在工作面前，表現得非常低能，有的人傑出不凡，成為工作高手。社會上有一些什麼高手呢？舉例如下：

一、大內高手：這是指過去皇宮的警衛，他們練就一身好武功，被皇家網羅，成為皇帝的侍衛，保護安全。但是後來並不專以武功而論，有一些秘書、參事、機要等，凡是得到皇上的歡心，能夠呼風喚雨，乾坤獨斷的人，我們都稱他們為「大內高手」。

二、武林高手：過去刀槍炮彈還未發達的時候，要靠拳腳上的武功來行走社會，才不會受人欺侮。甚至有的人憑著武功行俠仗義，我們就稱他們為「武林高手」。

三、談判高手：國際之間敵友關係瞬息萬變，為了維護國際秩序，爭取各自的利益，因此有所謂「國際談判」。不論是政治的、經濟的，有的外交人員一番樽俎折衝，總能為國家爭取很多利益，尤其大的國家視小國為禁臠，總是予取予求，占盡上風。不過也有一些小國的使臣，他的人格氣質，像藺相如的「完璧歸趙」，像晏子「不走狗門，要走大門」，在氣勢上就能先聲奪人，所以就成為「談判高手」。

四、寫作高手：有的作家，日述數千字，甚至有的人，時論、小說、詩歌、散文，無所不精，統統都來得，真是下筆萬言，倚馬可待，所以就被尊為「寫作高手」。

五、電腦高手：現在最流行，也是最吃香的行業，要算「電腦高手」了。一個電腦高手，各個公司爭相高薪聘請，動輒數十萬，尤其現在電腦的軟體程式千變萬化，包羅萬象，所以正是電腦高手展現才華的時候。

六、**棋藝高手**：象棋、圍棋、橋牌等，都是鬥智的娛樂，只要不是賭博，棋藝可以訓練定力，開拓思想。國際間常有橋牌比賽，日本也有圍棋升段檢定，能夠成為「本因坊」、「棋聖」，都是最高的榮譽。此外，象棋也可以擺下擂台，以棋會友，都曾為之盛行。

七、**駕駛高手**：在很多高手中，駕駛高手最為普遍。大卡車、大客車的司機，手握方向盤，油門一踩，日行數千里；台灣環島一周，大陸上南北高速公路的縱橫，甚至紐約的大貨車，要三天三夜才能開到洛杉磯，這許多人除了健康的身體，也要具備很好的技術藝能。

八、**貪污高手**：聞說東方人民喜歡官員貪污，西方官員希望人民守法。例如東方移民到了西方，一旦做了違法的事，就想用賄賂了事。但西方官員很少貪污，因此移民們就不由得懷念起在東方生活上的方便。所謂「有錢能使鬼推磨」，只要有錢，凡事都能輕易過關。過去只有官小位低的人，因為待遇微薄，不夠養家活口，逼得他不得不貪污。但現在高官厚祿的人，也跟進貪污，一貪動輒千萬、上億，因此敗壞社會風氣，動搖國家的立國根本，莫此為甚。

任何高手，人皆歡喜，唯有貪污高手，人所不喜。人都希望成為高手，其實高處不勝寒，一個人一直往上爬，爬到高手地位，嫉妒者也會跟著而來。所以，人外有人，天外有天，所謂「打死會拳的，淹死會水的」，你以為自己是高手，殊不知還有人比你更高，所以高手者，必須能接受挑戰，尤其高手者，不僅只是具備「能力」而已，要真正有「德」，如果沒有「德」，人間做事，還是低調為好。

高級賺錢術

各位讀者，大家吉祥！

賺錢營生，這是每個人生存必要的途徑，不能賺錢，怎麼能生活呢？不過談到賺錢，有的人使用勞力，只能賺小錢，有的人雖然本業外加兼差，也是所賺有限。現在社會上有很多高級的賺錢術，既不必費力氣，也不必太傷神，每天只要坐在辦公室裡，就可以財源滾滾，茲例舉如下：

一、用簽名賺錢：有的人，憑著他的專業，只要簽個名，就能賺進大把的鈔票。例如會計師、律師、醫師等。當然，當初他們都是經過苦學才能成為會計師、律師、醫師，所以他們的投資、辛苦，也不在話下。

二、用牌照賺錢：現在有很多行業都需要牌照才能掛牌營業，例如上述的醫師、律師、會計師，乃至藥劑師、建築師、水電工、廚師等，有的人把牌照借給他人使用，也能賺錢。

三、用印章賺錢：現在有很多年輕人時興到法院公證結婚，法院蓋個章，就要繳公證費；有的人要向銀行借錢，也要有保證人蓋章。有錢的人，一個印章，就可以向銀行借個百萬、千萬；沒有錢的人，親自上門也借不到錢，所以有的人用印章也能賺錢。

四、用電話賺錢：有的人坐在家中，只要透過電話連絡，也能賺錢。例如，很多仲介商就是利用電話接洽廣告、買賣房屋等。或是利用電話貢獻智慧，幫人排難解紛，如日本的「相談所」就是一例。

五、用網路賺錢：現在科技發達，很多人架設網站，利用網路來賺錢，例如申請電子信箱要付費，上網查資料也要付錢，甚至有的人利用上網廣告、拍賣物品，都能賺錢。

六、用介紹賺錢：現在很多傭工介紹所、婚姻介紹所等，專門為人仲介勞工或婚姻。甚至過去為人仲介土地、房屋買賣的「掮客」，都是靠為人介紹來賺錢。

七、用智慧賺錢：有的人專門為人出謀劃策，憑著智慧也能賺錢，例如廣告設計、活動策劃等。甚至每個公司團體的決策部門，都有一群智囊團，專門動腦筋想辦法，規劃公司的發展方向，這些人都是憑著智慧賺錢。

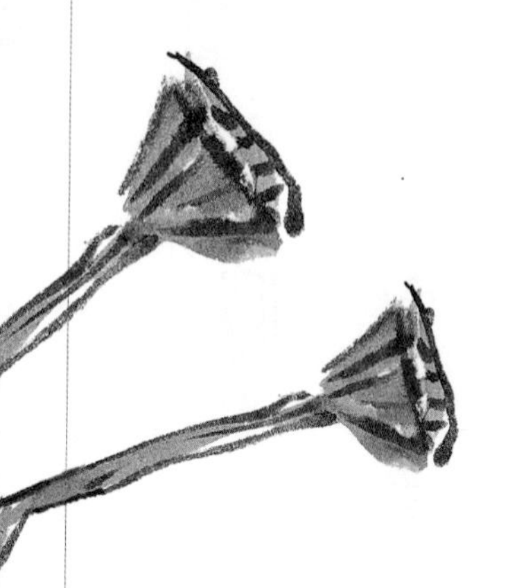

八、用結緣賺錢：有的人當交際花，就是靠結緣賺錢。有的人當義工，也能求得善名美譽；有的人布施行善，也會獲得他人的回饋幫助。所謂培福，你播下了善緣的種子，日後自然會有收成。

其實賺錢的方法舉不勝舉，例如有的人用錢財賺錢，有的人用人情賺錢，有的人用關係賺錢。所謂「君子愛財，取之有道」，只要不偷、不搶、不騙，用正當的方法，甚至只要肯幫助別人，助人就是賺錢。世間上什麼錢都可以賺，但是黑心錢不可以賺，詐騙的錢不可以賺，非份的錢不可以賺。總之，不應賺的錢不能賺，至於怎麼樣賺錢，那就要看每個人的用心了。

假期

各位讀者，大家吉祥！

現代社會進步，「休假」也是時代進步的象徵之一。在古代，只有逢年過節才可以在家休息，平時都是起早待晚的工作。現代人制定每日工作八小時，甚至週休二日，每年還有國定假日、春假、年假等。

制定休假制度，立意很好，因為人不是牛馬，即使牛馬也要休息。人工作了一段時間以後，總要有個假期休養生息，等養足了精神、

共鳴圖 小魚

體力後，可以重新再出發，繼續努力工作，所以佛教把適當的休息視為精進力之一。

但是現在工商業時代，假期太多，卻也衍生出一些新的問題，例如：

一、交通堵塞：每到假期，平日在外工作的人，有的忙著回家，有的出外訪友，有的四處旅行，從南到北，每條道路都是阻塞難行。曾經有人建議，假期不要統一，分開時段放假，可以避免交通堵塞。但是如此一來，大家不能同時間上下班，事務連絡不便，也是一個大問題。因此為了工作進行順暢，不得不同步上班、同時休假，也就顧不得交通阻塞的問

題了。

二、資方損失：過去每週休假一天，一直是世界通行的慣例。近年來勞工界要求週休二日，如此資方每週生產力就減少七分之一，一個月減少了四天的生產，產品的成本相對也會提高。可是在勞工來講，他覺得一週休息一天，不足以支配私人的生活，週休二日才是合理。現代勞工的權益十分受到重視，所以全球幾乎都已實施週休二日的制度，資方的損失，只有自己負擔承受了。

三、加倍疲勞：休假本來可以在家休息，自我閱讀充電，或是參加義工服務的行列。但現代人交遊廣闊，不但出外旅行的機會增加，平時應酬也多，尤其假期幾乎都是用來參加各種婚喪喜慶、各種社交活動，搞得自己比平時上班還疲累。如此週休二日，過度消耗體力造成的疲勞，只有利用上班時間，再來恢復精神力氣了。

四、增加開銷：假期太多，一些上班族也有怨言，因為假日躲在家裡，生活無聊；外出應酬，增加開支。出門一趟，不管自己有沒有車子，光是交通費用就是一筆不小的支出。如果到風景遊樂區參觀，還要付門票，外加餐飲、購物等支出，都是額外的負擔。所以，放假太多，生活調整也不容易。

五、時間間散：假期對一些善於利用時間的人而言，可以處理很多私人的事務，例如整理家務，拜訪朋友，或是親子出遊，甚至在家讀書，自我充實。但是不會安排時間的人，一到放假日，在家覺得無聊，上午過了，下午怎麼辦？有時一連休假三四天，只有在家間散度日，不但白白浪費自己的時間，同時也減少了資方的收益。

所以，對於假期，如果能做彈性的調整，歡喜放假的人放假，願意工作的人工作，兩者各行其便，也算彼此成就，不妨試行可也。

國力

各位讀者，大家吉祥！

力，是世間上很重要的資源。人有人力，人如果沒有力，就什麼都沒有了。有的人以財為力，有錢財可以呼風喚雨，一呼百諾；有的人以勢為力，勢力顯赫，可以巧取豪奪，頤指氣使。

世間無論什麼東西，都是以「力」為本，物有物力，人有人力，財有財力，勢有勢力，當然，一個國家，也是國有國力。

所謂「國力」，資源豐富當然是國力，國防強大也是國力，信義為各國所尊重，也視為國力。不過，還有更重要的國力，茲述如下：

一、人才是國力：每一個國家的發展，都以人才為重。所謂「得人者昌，失人者敗」。觀諸歷朝的歷史，一些興亡盛衰之理，不都是因為人才而決定嗎？尤其國家的領導人，如漢武帝、唐太宗，都曾血刃手足親人，但因為他們善於用人，治國有方，人民對其過失也就不太以為意。戰國時代的趙太后、唐朝的武則天，雖然身為女性，卻能領導國政，因為他們能幹有為，懂得重用賢臣，全國人民也都能歸心擁護，而能相安無事。

二、**教育是國力**：一個國家要有人才，不能不重視教育。放眼全世界的國家，幾乎每年都有名校的名次排行；台灣的大學從未躋身到世界名校的百名之列，可見台灣並不重視教育。過去政府有錢，卻只知道整裝軍備，雖然也有過幾位諾貝爾獎得主，但要感謝美國的教育栽培。在我們自己的國家，雖然也做了一些基礎教育，但那一個人才是在台灣的教育下，真正達到人生的學習顛峰？

翻開中國的歷史，諸葛亮、魏徵、房玄齡、劉伯溫等人，都是自修有成，並非由國家培養。現在中共已經意識到這一點，所以不斷在年輕人中選拔國家領導人，厚植國家實力。反觀我們的政府，不但不培養年輕人，甚至如李敖先生所說：「不但不交棒給年輕人，反而給他們當頭一棒」。國家不重視教育，不懂得栽培人才，又何能期望江山代有才人出呢？

三、**廉恥是國力**：在香港設有「廉政總署」，英美國家的政客，也以清廉為榮。相對的，一些落後國家的官員，貪污腐化，只會糟蹋人民的納稅錢，把人民的血汗錢裝入私人的口袋，不知用來建設國家，如此國力怎麼能興旺呢？《佛遺教經》說：「慚恥之服，無上莊嚴」，假如全國人民，有心培養國家的實力，每個人都應該講信用、守道德、知廉恥，才能真正發揮大用。

四、風氣是國力：《論語》說：「君子之德風，小人之德草，草上之風，必偃。」一個國家的國力，不可寄以少數人身上，應該整頓國家的社會風氣。大家講信修睦，勤勞務實，尤其青年要有國家的觀念，婦女要有美德的修養，政治人物要勤政愛民，從事經濟的人要為國家開發財富，從事教育的學者，人人都要「身教、言教並重」，全國人民不奢侈，不浪費，不傲慢，不自私，則國力必能增強。這是全國百姓共同的期盼，也是全國人民應有的覺醒。

執照

各位讀者，大家吉祥！

時代愈來愈進步，凡事講究「專業」，所以「執照」愈來愈重要。在百年以前，要想找一份職業，只要靠一張八行書介紹就可以；現在的社會，靠八行書求職已經行不通了，現代人找職業，有的要有執照，有的要靠考試，能夠把實力展現出來，才能找到理想的工作。「執照」就是學習的成績單，也是實力的見證。說到執照，其實人生的執照，也有很多等級的不同，試論如下：

一、**學習上的執照**：現代人想要找一份職業，機關公司都會先詢問你的學習執照，也就是你是初中、高中或是大學畢業，或者是研究所的碩士、博士等。有時光是取得這些執照還不夠，例如你要行醫，必須有醫師執照，你要開業當律師，要有律師執照。甚至會計師、藥劑師、護理師、水電工、烹調師、理髮師等，都需要有學習的執照。在日本，插花還分小原流、池坊流等，插花者都要取得執照，然後才可以掛牌教授。就像一些畫者出身那個畫院，也有個頭銜，讓人認定，他才有繪畫的資格。現代人生，如果取不到學習的執照，一生求職恐亦難矣！

二、技術上的執照：現在的工商界，即使有各種學習的執照，但是如果沒有技術上的執照，還是求職艱難。例如演藝界，從事唱歌有唱歌的執照，舞蹈有舞蹈的執照，乃至記帳人員有記帳的執照，心理諮商師也要有心理諮商的執照。過去只要自己有船，就可以到大海裡航行，現在必需要有航海執照，才能遠颺。現在的航空駕駛，沒有幾百小時的飛行經驗，就不能取得正駕駛的執照。尤其現在的科學發達，電器、資訊等新產品不斷發明，每一種產品也都要取得執照，才可以發行。乃至現在的有線、無線電視，不但電視台要有執照，節目播出的頻道，也要新聞局審查通過，可以說每一行、每一業都少不了執照。

三、人格上的執照：人生有了許多學習的執照，在技術上也有很多能力上的執照，光憑這些能力、工夫，還不能取得主管的重用，最重要的，還必須有人格的執照。所謂「人格」的執照，例如你的誠信、勤勞、負責，都受到肯定，凡是過去與你接觸過的上司、同事、關係人等，都幫你說好話，你的人格沒有缺點，才容易就業。否則就像現在的學校徵聘教師，都會向過去就職的單位探聽，關於你的品行、操守，對工作能否勝任等。有的人從這一家公司，想要跳槽到另外一家公司，他們也會互通消息，調查你的人品，所以人格上的執照，對一個人一生的發展，至關重要。

四、修行上的執照：除了上述的執照以外，現代人信仰宗教，也要有執照。你是那一個國家的國民，要有國籍護照；你信仰那個宗教，也有宗教發給你的會員證照。甚至現代人，有的人生前就為自己死後的事做好安排，免得死後不知去路，所以有「往生預約」的證照。由此看來，以後的人要知道自己未來是不是菩薩？是不是羅漢？是不是仁波切？是不是活佛？都需要執照來了解。

生長在這個凡事需要執照的社會，看起來人類愈來愈複雜，生存也愈來愈困難了。

接班人

各位讀者，大家吉祥！

過去皇朝時代，為了鞏固皇權，立儲是國家大事。立儲就是立太子，也就是為皇家確立接班人。

現代的國家，不只一國的領導人要有接班人，國防外交也需要接班人，財政經濟都需要接班人。乃至社會的各行各業，甚至一個家族、一個團體，都需要接班人。所以現在社會上不斷有人喊出，要提拔接班人、安排接班人、培養接班人，因為有接班人，事業才能永續經營。綜觀歷史，很多朝代的滅亡，都是因為接班人不適當；某一個企業團體經營不善，甚至家族「富不過三代」，都是因為接班人不適合。究竟我們的社會需要一些什麼樣的接班人呢？

一、家族的接班人：中國的宗法社會，是以家族為基礎。過去一個家族裡的族長，都有很大的權威，甚至一個大家庭裡，老祖父的一句話，比法律還管用。一家之長，不管是父權，還是母系，只要是家長，對家庭的事情，就有非常大的處理權限。兄弟姊妹，誰讀書，誰就業？家長可以決定！兄弟分家，長兄分多少，小弟得什麼？甚至姊妹可不可以參與分家？都是家長說了算數。這樣有權威的家長，也要安排得當，如果安排不適當，家庭分子不服氣，鬧起家庭革命，讓家庭的接班人難產，也不是家人之福。所以，不管家庭或家族的接班人，必須要做全家、全族人的模範，能夠公平對待每個家族成員，自我肯犧牲、委屈，成就全家、全族人的榮譽，才能做家族的接班人。

二、社團的接班人：一個國家，都有很多向政府正式登記成立的社會團體，例如宗教、教育、慈善、公益、文學、藝術等，大大小小的團體，不下百千萬個。每一個社團的領導人，都要從會員裡選出理監事，再從理監事中選出一個會長。會長有任期，一屆、二屆，不能終身擔任會長，所以要有接班人。社團的接班人，要有公德心，要有服務的精神，要有民主的理念，要能為全體會員謀福利，這是社團接班人的要件。所謂「江山代有才人出」，一個社團裡，大家能共同培養下一任接班人，才能讓團體愈來愈發展，才能讓一代勝過一代。

三、企業的接班人：現在的社會，都講究組織，都有許多的集團，尤其企業界，有關係企業、集團企業、加盟店、連鎖店等。一個集團企業的董事長，就如過去武林中的掌門人，對於企業團體裡的每個分子，有權決定大家的升遷、待遇、福利等，都是掌門人說了算數。企業集團的接班人，需要有企業經營的長才，要有綜理組織的能力，要有分工授權的觀念，要有與時俱進的經營智慧，要能為企業謀取福利，這是企業接班人的條件。

四、政治的接班人：在許多事業的接班人當中，政治上的國家領袖接班人，要算是第一重要的了。現在舉世各國都在選總統，就是在為國家選取接班人。一個國家的政治接班人，必須要有道德操守，對異己要有包容力，尤其要有民意基礎，要能代表國家的形象，還要有能力掌控國家的人力資源。當一個國家政治上有了英明的接班人，這實在是人民最大的幸福與成就。

推手

各位讀者，大家吉祥！

「推手」是中國拳術之一，乃由太極拳演變而來，在武術界佔有相當的地位。「推手」也指幫助各行各業、各種人等提昇、進步的人，例如：改革的推手、民主的推手、經濟的推手、文化的推手、科技的推手等。

姑且不論我們有沒有學會拳法中的「推手」，但是我們不能不做社會大眾的「推手」，因為能夠助人一臂之力，這是人生最快樂的事。

我們要做什麼樣的「推手」呢？試舉數例：

一、要做好事的推手：某人發心設立學校、興建醫院、建設藝術館、創立孤兒院、老人院，我們應當給予鼎力相助。有錢的出錢，有力的出力；即使沒有錢財，力氣也不夠，但可以用語言表示讚歎、鼓勵，一樣可以做好事的推手。

二、要做善人的推手：古往今來，世界上有許多偉大的人物，無論是慈善家、宗教家或是仁人君子，對於他們的貢獻，吾人要禮讚其功德，宣揚其善事，使之流芳萬世，做為後人的楷模。

三、要做因緣的推手：眼看有些好事，就差那麼一點小小助緣便可完成，我們何不做因緣的推手，促其盡快達成呢？處處給人因緣，必能得到好因好緣的回饋，何樂而不為呢？

四、要做改過的推手：人難免會犯錯，但是「知過能改，善莫大焉」。對於做錯事的人，我們不能一味的譴責他，應該幫助他勇敢認錯，讓自己成為別人改過的推手。

五、要做重生的推手：當一個人陷入困境時，最需要的就是他人的扶持，因此對於一個心意頹唐的人，我們不能袖手旁觀，應該「雪中送炭」，給予關心慰問，幫助他再建信心，重獲新生。

六、要做進步的推手：一個團體，要有願意建言的人，團體才能進步；一項產業，要有人研究開發，產業才能創新。一個國家，也要有許許多多進步的推手，國家才能發展。

七、要做慈悲的推手：這個世間苦難很多，就如佛教經典《普門品》裡所說，「三災八難」不斷，需要有人伸出援手。因此，吾人應當效法觀世音菩薩「救苦救難」的精神，做一個慈悲的推手，讓世間充滿溫暖。

八、要做和平的推手：由於人性好鬥，所以推動和平是一項艱鉅的工作。但是儘管如此，只要我們肯秉持「愚公移山」的赤誠、「精衛填海」的堅定意志，效法地藏王菩薩「地獄不空，誓不成佛」的精神，和平的一天也會離我們愈來愈近。

部屬十項全能

各位讀者，大家吉祥！

任何一個機關團體或公司行號的主管，總希望他們的屬下能各盡其職，在工作上都能有所表現。不過，這也得主管領導有方，以身作則，給予部屬尊重、鼓勵；只要有機會表現，沒有人不想力求上進。所以，好的主管能發掘部屬的潛能，使得人人都能「十項全能」。

所謂「十項全能」，略述如下：

一、**能早能晚**：主管要讓部屬在工作上，能早到，也能晚退，不

計加班，只想把工作做好。

二、能飽能餓：部屬因為精神飽滿，心甘情願，工作時能提早吃飯，也能遲一點再吃，總要把工作完成，才算安心。有了這種「能飽能餓」的工作精神，不管做什麼，都容易達到目標。

三、能冷能熱：工作時，不管天氣寒冷，或是炎熱難當；一個樂在工作的員工，都會有忍的毅力，冷熱不會影響他的工作熱誠。

四、能前能後：有的員工在

主管面前工作認真，主管不在時，則懶散無力。一個好的主管，能讓屬下無須命令，自己就能自動自發，前後一如。

五、**能進能退**：主管和部屬要有共同的理念，有時進步向前，有時退步忍耐；與同事相處，彼此相互體諒，謙虛退讓，不要計較，和諧必定帶來興旺。

六、**能有能無**：好的部屬，只想在工作上有成就，並不想自己得獎牌、領獎金；沒有獎牌、獎金的鼓勵，照樣奉獻、苦幹。能有能無的人，其實他已具備各種能量了。

七、**能大能小**：在團體裡，讓他升級，他不矯情拒絕；不升級，他也不介意、不計較。有時要他領導一隊的人，他能做表率；有時要他獨自一人負責，他能把地掃好，把機械修好，把工廠整理好，大小事都能一一完成。

八、**能樂能苦**：擔當責任的部屬，與大家相處和樂。他能安於安樂，遇到非常時刻，需要加班、奉獻，他也不以為苦，甚至能以苦為樂。

九、**能榮能辱**：在大眾中做事，有時有了成就，光榮集中而來，偶爾也會因為過錯而受到懲戒，一般認為這是恥辱。但是能幹的部屬，懂得「爭氣不要生氣」，他會在工作上努力表現，以洗恥辱，所以他能受得起各種待遇。

十、**能上能下**：公司裡的各種領導，有的人能上也能下，有的人能上不能下，有的人願上不願下；最好能上能下，必然最受主管歡迎。

以上「十項全能」，都是思想、理念和精神上的要求，無關技術、能力。如果在思想、理念上具備了「十項全能」，又能在技術上力求進步、成長，則前途發展，自然無可限量。

最好的職業

各位讀者，大家吉祥！

人生在世，每個人都需要找一份職業。職業不分高低貴賤，重要的是要正派，所以「正業」是佛教「八正道」之一。

過去一般人認為當醫生是最好的職業，但看今日醫療糾紛之多，所謂醫師難為，可見醫師也不見得就是最好的職業。過去有人以為駕駛飛機，待遇最高，是最好的職業，但飛安事故頻仍，也讓一些駕駛人員每日膽戰心驚。

過去也有人覺得執法人員最為清高，但最近一些弊案的發生，從最高法院到檢察官、檢警人員的表現，一再讓社會大眾詬病，認為有所不公，看起來也有損清譽了。

過去負責為人辯護的律師，也被認為是一分高尚的職業，因為他們維護社會公義，為人打抱不平。但現在有些律師唯利是圖，有錢則有理，無錢就無理，因此現在的律師在一般人的眼裡，也已大大降低了他們的地位與份量。

銀行界過去也是最令人羨慕的職業，但現在金融界受到一些黑手的操縱，以大吃小，以多吃少，甚至使出「五鬼搬屍」的伎倆，已不再像過去那麼正直清廉，所以也不是最好的職業了。那麼，什麼才是最好的職業呢？

一、**廚師是最好的職業**：一個廚藝精湛的廚師，在高級飯店裡掌廚，提供美味餐飲，讓食客吃得歡喜，自己本身也有很高的待遇，可以說是一份比較安全無過，而又受人尊重的職業。

二、**教師是最好的職業**：現在的學校教育雖然有很多令人詬病的地方，但基本上教師甘於淡泊，為國作育英才，還是守住中國道德的一環，所以「孔家店」這塊招牌，還是為人所尊敬。

三、**郵差是最好的職業**：過去的綠衣天使，溝通了兩地的人心，現在雖然有電話、電報，甚至使用電子郵件，但是郵政人員幫忙寄發情義、物品的服務，還是受人尊敬。

四、**護理人員是最好的職業**：護理人員一直被尊為「白衣天使」，雖然他對病人所負的責任不及醫師大，待遇也沒有醫師高，但受病患尊敬與依賴的程度一樣。尤其白衣天使一個親切的笑容、安慰，都可以鼓舞病患迎向陽光。

五、**氣象人員是最好的職業**：氣象人員過去一向少為人所重視，實際上現在的氣象，像台灣經常有颱風、地震，乃至晴雨不定，都需要靠氣象人員不眠不休的觀測服務，把氣象播報給社會大眾知道，以便及時防範、因應，讓災害減到最低，所以氣象人員應該受到大眾的尊敬。

六、服務人員是最好的職業：現在社會的服務業非常興盛，食衣住行各行各業都有服務人員為大眾服務。例如，旅行社、導遊、交警、收費站、餐飲業等，都是值得讓人感謝。尤其現在社會上有很多社工、義工，他們無怨無悔的付出時間、力量，為社會大眾服務，更值得喝采。

職業無高低，工作都是神聖的。除了以上所舉的工作人員以外，社會上當然還有很多值得吾人尊敬的職業，我們都應該向他們致敬。

買賣

各位讀者，大家吉祥！

人類自有歷史以來，為了物質生活的需要，就不斷從事各種交易活動。例如最初透過「以物易物」，交換生活所需；後來發明錢幣，就開始了買賣的商業行為。

買賣是人類為了互換生活所需，順應事實需要而興起的活動。但是自古以來的商場裡，一直有一些不公平的現象，例如大斗進、小斗出；大秤小秤，長短尺寸等，雖有度量衡可以測量，但還是有做手腳的舞弊空間。另外，貨色的真假，價格的貴賤，在在都讓人對商人產生「十商九奸」的不良印象。事實上，在商人當中，也有的人重視商譽，誠實講信，不舞弊造假，不玩弄手段，所以在商場上建立了善名美譽，也打響了老字號的招牌，成為自己成功的重要因素。

買賣，其實就是一種人際互動，如何建立良好的買賣關係，有下列六點：

一、公平交易：所謂公平交易，就是商家將本求利，依照成本高低，標出貨物價格，賺取應得的利潤。買家一旦看中貨物，照價購買，雙方即可買賣成交。賣方既不能事前哄抬物價，更不能在交易進行中偷斤減兩。當然，買方也不能沒有行情的亂殺價，更不能順手牽羊貪小便宜。無論百貨公司，無論商場小店，只要公平交易，買賣雙方就能相安無事。

二、**貨真價實**：買賣不公的原因，除了故意抬高價位以外，有時以假亂真，所謂「貨不真、價不實」自然糾紛不斷。中國古代非常重視商德，現在的日本也保存中國古之商人的品格，不管走到什麼地方，他們都重視貨真價實。世上縱有一些不肖的商人，也是少數，而且總有一天會被人唾棄、淘汰，不能永久生存。

三、**童叟無欺**：平日裡，有一些日常生活必需品，隨時需要，不可能每次都由家庭主婦親自採買，有時不管事的老弱也會偶爾幫忙買個油、鹽、醬、醋等。有一些不肖商人就會趁機動個手腳，讓你吃虧，所以引起糾紛。但是誠實的商家，都會在門口標示「童叟無欺」，以昭信用；「童叟無欺」因此成為商場信譽的代名詞。

四、**銀貨兩訖**：買賣最重要的，現貨交易，現金付清，所謂「銀貨兩訖」。但有些地方經濟條件不夠，總有賒欠行為，這是一時給人的方便，但是一到收帳的時候，有時難免發生不愉快的事，所以買賣雙方，如能遵守「銀貨兩訖」，就沒有這些後遺症了。

五、**讓人受惠**：商賈營利，當然以賺錢謀利為先，但總要講究良心道德，要顧及消費者的利益，不但價錢要公道，而且貨物品質要有所保證，不能以劣等貨充當上品貨，讓買者吃虧，甚至昧著良心出售有害健康的食品。像現在「黑心食品」充斥市面，讓消費者受害，也損及商人信譽，讓人覺得「商人失德」，致使廣大的厚道商家跟著受害。所以，對於少數的害群之馬，大家實在應該做一些自清的運動，要鳴鼓而攻之。

六、**皆大歡喜**：一場交易買賣，大自土地房屋，小至柴米油鹽，雙方要能「皆大歡喜」。例如你感謝我幫你推銷東西，我感謝你提供我的所需，能夠相互感謝、皆大歡喜，這就是最成功的交易了。甚至有的買賣雙方，事先明訂契約，或者要求公證；因為彼此信賴、誠實，到最後成為好朋友，這就更加說明「皆大歡喜」的可貴了。

開倒車

各位讀者，大家吉祥！

人生的希望在前方，假如說人生譬如一個交通工具，那麼就應該向前奔馳；如果不能向前，而是向後「開倒車」，就會令人感到失望。

已經到了春天，能再回到寒冷的冬天嗎？已經長大成人，還能像童子愚頑嗎？人生如車輪，不停的向前轉進，千萬不能開倒車，不能不求進步。社會人生有些什麼是「開倒車」的行為呢？

一、復古是開流行的倒車：社會的潮流，帶動時代的發展趨勢，就成為流行。新式的服裝、新式的包包，是流行的物品；流線型的汽車、液晶體的電腦，都曾流行一時。一種用品，那怕顏色、樣式，如果是流行的，就表示新穎，就為人所接受。如果開流行的倒車，所謂復古，不一定符合時代的潮流。一本精裝的書籍，我們還要恢復古老的線裝書嗎？一部電動的織布機，我們還要恢復古老木製機子的手工操作法嗎？古人茹毛飲血，游牧、農耕，我們還要回到往昔的社會嗎？時代的齒輪不斷向前轉動，開倒車要復古，終是時代進步的障礙，所以往前看，不要陷入到復古的窠臼裡。

二、**專制是開時代的倒車**：現在的社會，講究自由開放，國家領導人都已經用民主選票的方式來產生，我們還能回到古代的皇朝時代嗎？孫中山先生和許多先烈、開明之士，已經開創了民主的中國，袁世凱倒行逆施，又想回復君主集權，建立洪憲王國，怎能不失敗呢？現在的教育，從小學、中學、大學，循序漸進向上進步，最能適應新時代的新式教育，我們還能再回復過去科舉取才的制度嗎？隨著時代的進步，人可以保留一些傳統的道德來創新時代，但不能恢復專制獨裁的君主政體，這是開時代的倒車，有礙民主自由的發展。

三、守舊是開思想的倒車：當今社會，有所謂新思想、舊思想的論戰。當然，我們知道舊思想未必全壞，新思想未必全好，只是思想必定要朝著未來的方向，求真、求善、求美，總不能一成不變，否則趕不上時代的進步，就是落伍。中國過去蓄養奴婢、三妻四妾、三代同堂、父母在不遠遊、男婚女嫁靠媒妁之言、看時辰地理、拜大樹公、石頭公等，這許多守舊的思想、行為，趕不上時代進步，這就是開倒車，自然不足取。

四、執著是開人生的倒車：盡管社會如何開放，時代如何進步，思想如何創新，一個人如果執著，仍然是開人生的倒車。所謂「法無定法」，人要放棄後面的一步，才能向前跨進一步，這就叫做進步；如果一直執著後面的一步，如何向前呢？吾人執著我相、人相、眾生相、壽者相，所謂我執、法執，凡事太過執著，這也是人生的絆腳石。人生唯有放下執著，才能迎向未來，前途才有希望。

集眾

各位讀者，大家吉祥！

現代的社會很重視集體創作，所以集眾會議成為現代人重要的行事。集眾並不是一件容易的事，因為眾人平時散居在各地，要將之聚集在一起，他必定也要衡量集會的內容、意義，對他有什麼利益、價值。有的會議

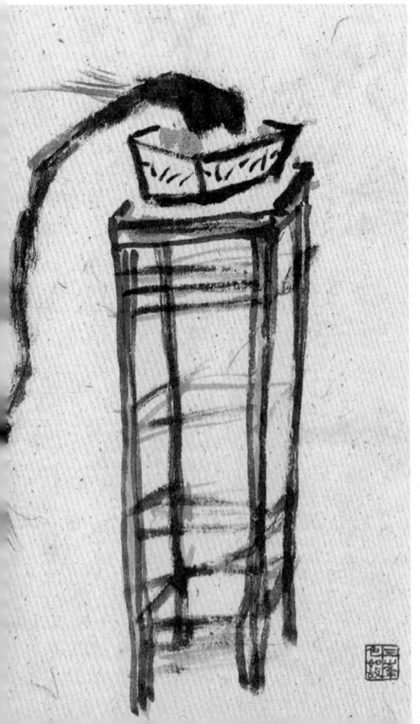

限制人數，沒有相類資格的人不能參與；也有的集會頻頻電話告急，催請人參加，所以集會就要講究內容，其重要性不能不注意。集眾的方法，必須注意如下幾點：

一、要有充實的內容：你要大眾參加你的集會，必須要有充實的內容，內容準備不足，平泛空洞，參加者就會意興闌珊，任你怎麼吹噓會議的重要，他感受不到你的內容對他有何重要，即使你再怎麼催促也沒有用。

二、要有大眾的需要：會議不是只為少部分人的利益，不能給少

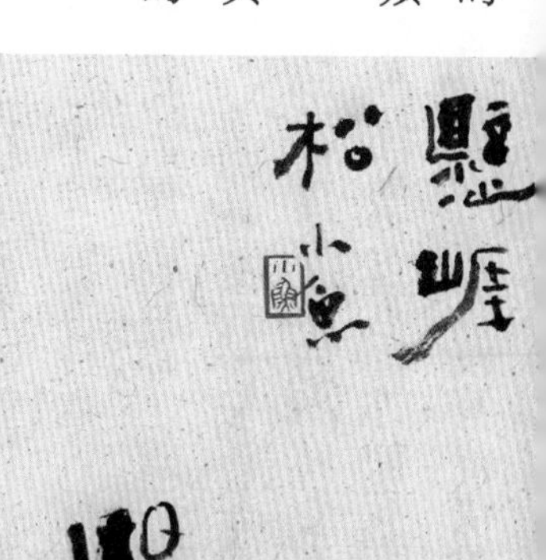

部分人做幌子來利用，你要確實能有益於大眾的需要；只要對他有利益，不必你催請，他自然會歡喜赴會。如果會議對他毫無關係，他覺得來與不來，無關緊要，如此你要集眾就很困難了。

三、要有定調的目標：過去我們常聽人說，集眾會議時有所謂「會而不議，議而不決，決而不行」，沒有定調，沒有目標，甚至大家不知為何要集會？為何要會議？想到徒勞往返，就會懶得參與。所以集眾不但要給大家利益，還要給大眾的目標，讓大家知道何去何從，甚至要責成大家確實執行決議，達到什麼程度都要有明確的目標。

四、要有匯聚的共識：既曰會議，要把不同的意見匯聚成共識，這是召開會議、主持會議的重要目標。開會前有不同的意見，大家紛紛紜紜；開會之後，還是沒有確切決議，沒有鮮明的決策，不能會合大家的意見，不能凝聚大眾的向心力，如此會議也就失去意義。

五、要有世界的新知：在會議中，要給與會的大眾有一種一新耳目的議題，要有一些世界新知的提供，增添大家的認識。所以現在集眾會議，都要講究資料、簡報，要會分析、歸納、引證，不能只說一些空話，提出一些泛論；能夠提供新知，才能吸引大眾與會。

六、要有未來的希望：會議雖然要做一些往事的檢討，但也要樹立未來的希望。一場會議要讓大眾感受到未來會更好；未來不能更好，參加會議有何意義呢？

以上所講，因為有感於現代人生，經常南北奔跑，東西交流，甚至國內國外，海峽兩岸不斷在集眾，不斷在會議。但是並不能達到集眾的目標，也沒有達到預期的希望，不禁對於如何集眾會議，提供一些看法，希望對有心集眾的人，能有所參考。

黑手

各位讀者，大家吉祥！

人的手平時都是很乾淨的，因此人與人見了面，都會相互握手，在握手的當下，可以感覺得到對方的熱誠、親切、友誼。但是「黑手」就不一樣了，人的手被稱為黑手，必然表示所做的事見不得人。所以「黑手」者，見不得天日，見不得大眾，總是偷偷摸摸的搞些不上道的小動作。例如，有的國家有一些不正派的組織，我們稱之為「黑道」，甚至還有「黑手黨」，可能比黑道還更有組織，更有威力。

平時，我們的四周可能布滿黑手，只是我們看不到，卻很難預知什麼時候它會悄悄的伸出手來，讓我們不及防備，讓我們吃大虧，這就是黑手的可怕。我們的社會上，究竟有些什麼黑手呢？試說如下：

一、小偷：小偷只是雞鳴狗盜之徒，把小偷稱為黑手，可能還提高了他的地位。小偷又稱「扒手」，只想扒竊一點錢財，偷竊別人一些物品，不至於搞得人家破人亡，所以世界各國對於小偷，在刑法的判決上，不同於搶劫犯，不至於判死刑。但是小偷也很可惡，自己不務正業，只以行竊為生，讓人無端損失財物，把自己的安逸建築在別人的辛苦上，所以也稱之為「黑手」。

二、偵探：有一些人從事偵探工作，專門在暗中偵察別人，如果為國家做事，就叫「間諜」，如果受僱於私人，就叫「私家偵探」。「私家偵探」是現在新興的行業，專門調查別人的隱私，因此也可以把他歸為「黑手」之列。「間諜」當然也是黑手，不過他為了國家的利益，嘔心瀝血，利用種種的計謀來偵探對方的機密，讓國家與國家能對等發展，也無可厚非。但是一般的私家偵探，有良知的偵探秉持職業道德，照實處理，倒也罷了；有的耍手段，私自拍照，製造事端，製造假情報，搞得人家庭失和，所以稱之為「黑手」，也是名實相符。

三、**陰謀**：有些黑手，就是站在你的對面，你也不知道，因為他搞陰謀，陰謀藏在他的心裡。尤其政治上，搞陰謀的手段很多，造謠、陷害，你在明處，他在暗處，你吃了暗虧，受了傷害，還不知道對方是誰，這種陰謀，是黑手中最可怕的黑手。

四、**狠心**：狠心的人容易成為黑手，因為他沒有善念，沒有慈心，只是跟人比狠、比凶殘，所以社會上多少的黑道，心狠手辣，犯下多少命案。尤其，有些人並非跟人有什麼深仇大恨，只為了錢財，因此犯下擄人勒贖，甚至綁票撕票。雖然這些人終將受到因果報應，

但社會上仍有許多人心存僥倖，以為自己的狠心犯行不會被人所知。只是，天網恢恢，疏而不漏，狠心有惡報，這是必然的因果。

五、惡行：所謂惡行，搶劫、綁票、謀殺、陷人於劫難，甚至為錢充當殺手，出賣良知。凡此惡毒行事，完全不替人留有餘地，一味的橫行，像凶神惡煞一樣，可以說，佛教的十惡行，他毫無顧慮，幾乎全部毀犯。其實，黑道也好，黑手黨也好，難道這許多惡行惡狀不會有因果報應嗎？所以奉勸世人，應該以慈眼視人，以善手行事，如此好心必然有好報。

黑道

各位讀者，大家吉祥！

社會是一個人群聚集而複雜的團體，在多元化的社會裡，不但有為人歌頌的慈善團體、以及造福民間的公益團體等，另外還有一些為人所詬病的團體，如幫派、黑道等。

其實，在一個健全的社會裡，黑道、幫派也未必不好。政治上有政黨，民間有幫派，社會上有白道，當然就會有黑道。白道者未必是好，靠著白道的善名，沽名釣譽者也不在少數，例如報載一名績優志工，竟是詐財數百萬的騙徒，所以白道未必是好。黑道也未必是壞，黑道能存在這個社會，必然有它存在的價值和人民的需要。在社會上，有一些政治人物比黑道還黑，因為他們仗恃權勢，貪污和欺壓人民，比起黑道更為可怕。茲將黑道的功過種種，略述如下：

一、黑道的形成：中國社會，過去一般人不能接受正常教育，有的人感到前途沒有出路，因此投身黑道，尋找未來。有的人或因被人欺負，想要聚眾報復，因此加入幫派，成為黑社會的一分子。黑道的人物，有的成為社會一些不當行業的保鑣，你聚賭，我抽頭；有些具正義感的黑道人士，偶爾也為社會不平之事伸張正義，成為人民的保護者。甚至警察也時常利用黑道勢力，幫助除暴安良。但也有一些不肖者，走火入魔，持槍械鬥，犯案累累，遂讓黑道蒙羞。有為的黑道團體，也常舉行自清運動，有些則隨波逐流，向下沉淪，因此被社會所垢病，良有以也。

二、黑道的功過：近代的杜月笙先生，人稱「上海皇帝」，堪稱黑道中的佼佼者。有人貧窮艱困，只要找到他，當他了解你的正當需要，他一句話OK你就可以得到幫助。你受人欺壓，冤屈難伸，只要杜月笙知道，再大的冤枉，都能得到昭雪。國家遭受外侮，在日本皇軍鐵蹄蹂躪下的中國，杜先生救國安民，都受到政府的獎勵。上海的達官貴人，如果不和杜月笙打交道，可以說在上海灘難以立足。追隨杜月笙的人，有許多是國家的忠勇之士，當然難免也有一些宵小不賢者。「人非聖賢，孰能無過」，再偉大的杜月笙，難免也有為人詬病的地方，何況有些黑道以打殺為強，以挑釁為主，這就使黑道的名聲愈加不能為人所接受。其實黑道的存在，有時當你求助官方無門，有冤無處申的時候，只要找到黑道的正直之士，他也會為你找回公道，所以有些不肖的社會敗類，聞黑色變，這就讓黑道找到存在的空間。

三、黑道的定位：黑道是好是壞、是忠是奸？其實難以定論。過去國家的治安單位，也會借用幫派分子為其效力，甚至地方上的選舉，也常借用幫派分子為其樁腳拉票。黑道，多少人詛咒、唾罵，所以黑道者如過街老鼠，為人所不屑；但是黑道對某些團體而言，也成為他們的守護神。因此講到黑道的定位，黑道本身應該要以古代的遊俠為榜樣，助弱除奸、去邪扶正，就如曾被佛陀降伏的鴦掘摩羅，也是從一個無惡不作的暴徒，轉而成為證果的羅漢。黑道如能自我轉型，自能獲得社會的定位。

四、黑道的轉型：在台灣，廖添丁是家喻戶曉的人物，黑道人物不妨學習他的「盜亦有道」，能夠行俠仗義，幫人解決問題，讓黑道人物今後成為正義的伸張者、弱勢的扶助者，有時候展現怒目金剛，有時候也表現菩薩低眉。黑道能夠轉型，不但自救，也是救人也。

搶救

各位讀者，大家吉祥！

今日社會需要搶救的事項很多，搶救自己的良心，搶救社會的公德，搶救人與人之間的公平、正義，乃至公理與是非等。關於「搶救」，我們要搶救什麼呢？略述如下：

一、搶救失火的房子：世間上凡事無如救火急，所謂「遠水救不了近火」。一旦發生火災，眼看著失火的房子燒起來了，分秒之間都可能造成人命傷亡或重大的財物損失，所以救火人人有責，發生火災時，大家應該義不容辭的協助搶救。

二、搶救淹水的地區：很多排水不良的低窪地區，或是偏遠的山區，經常在颱風過後，造成淹水的災害。所謂「水火無情」，水災與火災一樣，可能造成人命或財物的嚴重傷亡，所以遇有水災時，大家應該發揮「人溺己溺」的精神，展開搶救，才是仁心的表現。

三、搶救震災的災民：除了水、火災之外，各地也時常發生震災，每每牆倒屋塌，災民流離失所，需要及時賑濟。尤其當有人受困時，更是需要緊急搶救，否則喪失黃金救援時間，造成天人永隔，令人抱憾。

四、搶救稀有的動物：世界上有許多瀕臨絕種的稀有動物，人類不知加以保護，反而貪婪殘暴的予以撲殺。例如，為了獲取象牙、孔雀羽毛、犀牛角、魚翅、燕窩等，很多動物因此喪生，造成生態失衡。搶救稀有動物並非保護動物協會的專責，全體人類都應該有愛心與這些動物共生，不要讓稀有動物滅種。

五、搶救被毀的古蹟：為了保護世界人類的文化，聯合國教科文委員會一直把世界上有歷史價值的文物，列為古蹟保護。古蹟是人類的歷史，是智慧的結晶，是大自然給予人類的瑰寶，一個國家如果不懂得保護古蹟，就是在踐踏自己的歷史，毀壞國家的生命，所以珍惜、愛護、搶救古蹟，這是每個時代都應該重視的課題。

六、搶救迷途的少年：青少年年少輕狂，有的受不了物質的誘惑，有的受不了家庭學校的管教，因此經常逃學、溜家，造成重大的社會問題。青少年是國家的財富，不能無端損失，所以有心人成立「中途之家」，藉以幫助青少年回頭，至為重要。

七、搶救沉淪的道德：過去的社會，一個人只要吃喝玩樂，不務正業，就會被視為社會的敗類，難以在社會上立足。現在的社會，笑貧不笑娼，不但崇拜、懼怕黑道人士，甚至一些無德無行的人到處作威作福，招搖過市，不知羞恥為何物，可見現在的社會道德淪喪。在一個國家裡，無論團體或個人，只要違反善良風俗，破壞傳統美德，大家都應該齊聲喝止，如此未來的社會才有希望。

八、搶救破壞的地球：長久以來，由於人們濫墾、濫伐、濫挖、濫建，甚至濫倒垃圾等，造成地球被破壞、被污染。尤其現在天災不斷，其實都是人為破壞，造成大自然反撲的結果，在在嚴重威脅到人類未來的生存。現在有很多環保人士不斷大聲疾呼，希望喚起大家的環保意識，唯有大家共同做好環保，才能搶救被破壞的地球，才能還給子孫一個安全的生存空間。

以上列舉的搶救，其實關鍵在於我們的「心」，只要我們能搶救「自心」，一切才有希望。

傳染

各位讀者，大家吉祥！

歷史上，幾次瘟疫的流行，不但奪去無以數計的人命，甚至摧毀城市、瓦解文明、改變歷史，主要是因為瘟疫具有傳染性。其他如霍亂、天花、痢疾、肺結核、肝炎等，也都具有傳染性。甚至被稱為「廿一世紀黑死病」的愛滋病，也是因為它是一種傳染性疾病，所以讓現代人「談滋色變」。

說到傳染性疾病的可怕，有時候只是一個流行性感冒，一間屋子裡只要有一個人感冒了，不但講話要帶口罩，嚴重時飲食器具、生活用品都要隔離處理。

其實，不只疾病會傳染，人與人之間還有很多東西會互相傳染，例如：

一、習氣會傳染：

人與人在一起，所謂「物以類聚」，個性相近的人容易成為朋友；習氣、嗜好相同的人，更是臭味相投。有的人原本不會抽菸，只因周遭的朋友個個菸不離手，久而久之自己也跟著學會抽菸；喜歡喝

酒的人，平時更是三五好友聚在一起小酌幾杯。不但抽菸、喝酒的壞習慣會傳染給人，有的人思想、觀念不正，一些自私、奸邪、頑固等不應該有的看法，也會影響別人，甚至傳染給人，所以交朋友要謹慎，否則「近朱者赤，近墨者黑」，交上了染患惡習的朋友，自己也難免被傳染。

二、情緒會傳染：一個家庭裡，一家人正在吃晚餐，本來大家有說有笑，氣氛和樂融洽。此時突然有一個成員從外面回來，正眼也沒瞧大家一下，就怒氣沖沖的往自己的房間走去，雖然他一句話也沒說，卻把原本歡樂的氣氛破壞殆盡。一個人的情緒，不管憂愁、哀傷，或是生氣、憤慨，都會影響別人；相對的，歡喜、快樂的情緒也會感染給人。所以人要學習自我的情緒管理，不可以經常把煩惱傳染給人，更不可以影響別人。尤其家庭的幸福快樂，要靠每一個分子共同營造，要不斷製造愉快、歡樂的氣氛，不可以把情緒感染給人。

三、**風氣會傳染**：一個社會風氣的形成，並非一朝一夕能成，而是經過日積月累，一旦成為眾人行為的模式，或是價值的取向，就成為一種無形的社會風氣。風氣不管好壞，都會互相感染，尤其壞的風氣之傳播，更是迅速。例如人民崇尚奢侈浮華的生活，平時喜歡上餐館、歌廳、舞廳去吃飯、應酬，遇有婚喪喜慶，更是極盡鋪張浪費，盡情吃喝豪飲。甚至人性的墮落，道德的淪喪，造成官員貪污，人民詐欺，人與人不再講誠信、守禮儀，彼此相互能欺則欺，能騙則騙。不良社會風氣一旦形成，對全民的影響，對國家社會的發展、繁榮，都有「風行草偃」的力量，實在不可小覷。

四、**流行會傳染**：現在的年輕人追求流行，已經成為一種時尚，不趕流行，似乎就代表自己落伍，所以對於流行的東西，不管吃的、用的，大家莫不趨之若鶩。流行的傳染力之強，例如有一段時間，大家流行吃蛋塔，蛋塔店一時如雨後春筍，到處林立，購買的人大排長龍。只是好景不常，當蛋塔不再流行時，店家因不堪虧損，只得又再一家一家的關閉。另外，流行養寵物，流行穿用名牌，流行追星，甚至流行一些新人類的新用語，諸如「LKK」（形容「老」的意思）、「ATO」（表示令人作嘔的意思），很快大家也都能朗朗上口了。

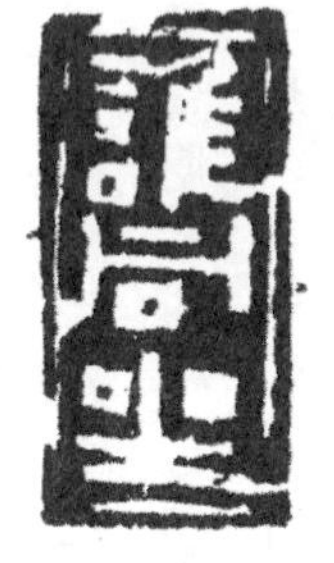

其實，一個社會流行的東西，應該要能移風易俗，要能提升道德，所以對於一些好人好事，要多加宣揚，使其成為全民的典範，造成風氣，千萬不能讓惡人惡事相互傳染。

商標

各位讀者，大家吉祥！

現代社會，各行各業都非常重視商標的建立。商標代表商品的信譽，是企業的無形資產，也是提供社會大眾認識的有形標誌。例如香港鳳凰衛視的「兩隻鳳凰」，麥當勞的「兩座山」，佛光大學的「蓮花光」，中油公司的「一盞光」，中華航空公司的「梅花」等標誌，都是普為大眾所熟悉、認識的商標。

商標是工商企業在他經營的商品上所標示的一種標記，在實行專利制度的國家中，商標不能盜用，否則違反商標法要負刑事責任。為此，國家都設有商標局，統一管理工商團體的各種合法商標。

其實，國旗就像一個國家的商標，看到國旗，就知道是來自那個國家。乃至社會上一些所謂「名牌」的商品，也都是靠著「商標」為標誌，讓人知道他是名牌。

人都害怕被貼標籤，貼上標籤就像被列入「黑名單」一樣，永世不得翻身。但是有些東西不能沒有標籤，標籤就是商標，有了商標才能上市販售。商標就像人的身分證一樣，代表合法的身分。此外，商標還代表一些其他的意義，例如：

一、代表信用：社會上，各種民生日用產品很多，消費者如何選購品質有保證的產品？這時要靠商標來協助。例如，貼有「GMP」商標的食品，表示有「良好作業規範」。也就是在製造過程中，產品品質與衛生安全都受到嚴格管控，所以可以安心食用。另外，「CAS」是台灣優良農產品的證明標章；貼有「SOSA優良電子商店」之商標的店家，表示他是值得信賴的電子商務業者，這些都是信用的標誌。

二、代表成就：有的產品一經得獎，立刻身價百倍，但也因此引來很多仿冒品，這時就要向經濟部智財局申請商標認證，以便消費者辨別真假。例如，一些參加比賽而獲獎的冠軍茶、冠軍米等，一旦包裝貼上認證標誌，就是品質保證，就代

表它的成就。

三、代表形象：有的產品在同業中樹立了獨特的風格與形象，例如汽車業裡，「三角星」標誌的「賓士」汽車，給人高貴、優雅、穩健的感覺；「凱迪拉克」汽車，則如它那由「盾和冠」組成的標誌一樣，散發著豪華、氣派和瀟灑的磅礴氣勢，這都是它們的形象。

四、代表專利：「需要為發明之母」，人們順應生活的需要，發明種種新產品。政府為了保障創造發明者的權益，任何一項發明都可以申請專利，一旦獲得註冊商標，就可以在一定時間內獨自享有其利益。例如，微軟電腦、宅急便等，因為有商標保障他們的專利權，所以不怕別人侵權盜用。

五、代表時間：在時代的潮流裡，有些東西經不起時間考驗，很快就沒落，但也有的東西如同百年老店一樣，歷久不衰，始終為人喜愛、接受。例如，虎標萬金油、翹鬍子仁丹、黑人牙膏、牙痛五分珠等，他們的商標就代表著時間與歷史。

六、代表特質：現代人追求時尚，舉凡一副眼鏡、一個皮包、一台電腦、一支手機等，都喜歡選用名牌。所謂「名牌」，無非是因為他有別於同業的獨特性，所以某個商標的東西之所以受人喜愛，因為他有自己的特質。

總上所說，其實不只是東西有商標，每個人也都有一個商標，雖然我們沒有把商標掛在身上，但是每一個人的歷史、對社會的貢獻、平時的待人處事等，都會被人貼上標籤，都會成為自己的商標。所以，為人要能謹言慎行，並能發心奉獻，才能樹立一個善名美譽的商標。

卷四 社會福利

一個進步的現代化國家，
都有很好的社會福利制度，
提供人民生活上的福利與保障。
在《禮運大同篇》說：
「鰥寡孤獨廢疾者，皆有所養」，
這就是社會福利。

新女性

各位讀者，大家吉祥！

時代在進步，人類的思想觀念不斷受著時代潮流的衝擊與考驗，很多傳統的價值觀也在逐步調整與變化中。例如，過去男女不平等，女性一直理所當然被視為受保護的弱者；但現在女權抬頭，女人爭取女男平等，社會上的女強人愈來愈多。尤其現在很多女性，思想與作風大膽、前衛，標榜自己是時代的「新女性」，他們在社會上漸漸崛起，已成為新的一族。

所謂「新女性」，究竟有些什麼樣的特異之處呢？列舉如下：

一、不煮三餐，在外吃飯：現在社會上，保持傳統觀念的女性，

在家相夫教子，操持家務，還是占多數。但是受到時代潮流影響，一些女性平時不做家務，三餐不肯親自下廚，喜歡在外面上餐館，邀約朋友到飯店吃飯，以此顯示時髦，這種新女性為數也不少。

二、不要結婚，而想生子：現在有一些女性，不想結婚，但希望生兒育女，如名藝人作家胡因夢、台灣高鐵董事長殷琪等人，就是這種想法。由於受到一些名人未婚生子的效應影響，不婚生子不再被視為離經叛道的事，而成為新女性選擇的一種生活方式。

三、不管禮教，三夫四男：過去男人三妻四妾，女人規規矩矩的守貞節，一夫到底。現在的新女性，也不甘願與男人差別待遇太大，男人可以三妻四妾，女人為什麼不可以三夫四男呢？

四、不務正業，上網賺錢：現在的電視、報紙經常報導，有些尚在就讀初中的女學生，不想正當的打工賺錢，只想透過網路援交，廉價出賣靈魂以賺取金錢花用，完全不知世間真情為何物！

五、不必工作，可以刷卡：現在的女性，大多不喜歡做家務，尤其不喜歡進廚房，平時洗衣服有洗衣機，家務有女傭代勞，自己只知買東西可以刷卡。但是刷卡也要有來源，銀行裡沒有存款，刷卡的後果怎麼辦呢？因此現在有很多卡奴，就如佛教所說的「菩薩畏因，眾生畏果」，不懂得防患於未然，等到結果產生，大難臨頭，才來懊悔，一切都已嫌遲。

六、不覺羞恥，以脫為美：過去的女性，含蓄保守，身體任何部位都不願意讓人看到，萬一不小心被人窺見，就認為是最大的羞恥。但現在無須偷窺，有些女性大方的露出身體，以脫為美，例如辣妹的表演，檳榔西施的暴露等，在在讓人慨嘆世風日下，人心不古！

七、在職場上，與男爭光：當然，新女性也不全然都是自甘墮落，現在也有一些優秀的女性，在職場上與男士一較長短，當上女校長、女教授、女總裁、女董事長等，他們傑出的表現，不落人後。尤其現在舉世有不少女總統、女首相、女議長、女縣長……都讓人感到女性還是可以自我覺醒，自我上進。

八、保持傳統，相夫教子：現在社會上，其實有更多的女性，默默的負起傳統女性的職責，在家相夫教子，這是舊社會的傳統婦女，並不是新女性。只不過我們要問：到底是舊婦女對社會好呢？還是新女性對社會更有貢獻呢？這是可以評論的！

本文並無輕視女人之意，我們一直希望女男平等，男人能，女人為什麼不能？無論男人、女人，總難免有一些賢愚不肖，像男人當中，不務正業，參加幫派、黑道，乃至走私、販毒者，也讓社會所唾棄。看來這個社會是一半好一半壞，你喜歡的只有一半，不喜歡的也有一半。

溝通

各位讀者，大家吉祥！

人類的世界要達到真正的和平，「溝通」的藝術與巧妙，不能不學。父母子女能溝通，才有和樂甜蜜的家庭；師生做學問，彼此能溝通，才會有讀書的樂趣。這個世界，很多的部落、很多的社團、很多的黨派、很多的國家，假如都能溝通，溝通無害，溝通以後能增加相互的了解，相互的信任，世界怎麼會不和平呢？

朋友因為溝通不良，會拂袖而去；婆媳為了溝通不良，家庭煙硝瀰漫。溝通要有平台，現在搭建溝通平台很難，因為有優劣，有尊卑，有大小、高下的對待；在很多以強欺弱，以大欺小，以優勢對弱勢的不平等之下，仍然無法溝通。

第一次世界大戰以後，建立了「國聯」，就是為了溝通；由於溝通不良，又發生第二次世界大戰，

於是成立「聯合國」。現在的聯合國雖有其名，但仍為強國所主宰，因此世界上仍然是烽火連年，戰爭不息。

溝通很重要，如何才能發揮溝通的功能呢？以下幾點看法提供：

一、**要善意的溝通**：溝通不可以先有成見，不要自己設防，先想出許多的壞主意，甚至傷害人卻自覺得意的劣行。溝通要彼此互釋善意，能在友好的氣氛中，開誠布公，相互表達誠意，必能促進彼此的了解，自然會獲得有效的溝通。

二、**要雙贏的溝通**：所謂「溝通」，不是我勝你敗、我得你失、我有你無，溝通要能雙贏，要能「皆大歡喜」。溝通者不要光為自己的利益打算，要為對方立場設想。彼此你替我設想，我替你設想，怎麼會不能雙贏呢？

三、**要平等的溝通**：世界上的問題，都是出在不平等。孫中山先生一生的革命，就是希望「以平等待我之民族」。不平等的條約怎麼能算溝通呢？只有在互惠、平等的情況下協議，才是溝通的意義。

四、**要尊重的溝通**：溝通不是吃掉你、欺負你、給你難堪；溝通應該注意強對弱的尊重、大對小的保護。溝通不可以有強勢，溝通裡力量是平衡的，所以彼此尊重的協商，才是溝通。

五、**要建設的溝通**：溝通要有建設性，溝通之前就先預設要給你多少禮物、多少禮遇、多少厚待；彼此都這樣想，就是建設性的溝通。如果強詞奪理，自說自話，這都不是溝通之道。

水溝要保持暢通，才不會污水四溢，甚至造成災害；人與人之間的思想、觀念、意見、看法也要經常溝通，才能往來愉快，才能凝聚共識，才能同體共生，才能共榮共有。所以，和諧社會的建設，溝通一途不能免。

經商之道

各位讀者，大家吉祥！

六十年前的中國還是農業時代，社會上只有少數人從事商業買賣，不像現在工商業發達，商業貿易活動頻繁，很多人都以經商為業。經商有經商之道，茲述如下：

一、**童叟無欺是經商之道**：過去中國的商人，習慣在店鋪裡張貼「童叟無欺」的標語，表示對於上門購物的顧客，不管老的、少的，都不會有欺騙的行為。所謂經商要有商德，商人的道德，就是講究「童叟無欺」的誠信。觀諸舊中國的社會，很多商家雖然店面很小，但都確實認真履行「童叟無欺」的信條，這在高度工業化的現代，應該將此優良的商業傳統，一直傳承、維護下去才好。

二、信用可靠是經商之道：商人要建立商譽，商譽就是「信用」。不論商店大小，一定要有信用，有了信用，各方顧客雲集而來。尤其有信譽的商店，不用討價還價，討價還價是菜市場的行為；一個有招牌的商店，它的信用遠近皆知，主顧之間，都能互相信任。因此，有時候顧客上門，手頭不便時可以賒帳，等到逢年過節才來結帳，平時只要招呼一聲，所需的物品包裝完畢，就能方便帶走。古老的中國社會，視「信用」為人的第二生命，那像現在的退票、假貨、仿冒等行為層出不窮，真是人心不古。

三、研發商機是經商之道：商品銷售，也如戰場一樣，勝敗都要看商機。高雄有一家運輸木材的商團，運了一船木材要到日本出售。在途中遇上颱風警報，於是轉往菲律賓。滯留數日後，再開往日本。在此期間，日本發生地震，木材陡漲數倍，讓這一船滯留數日的木材，一夕賺了數倍之多，可見商機的變化莫測。現在的電腦、手機，一代一代的開發，競相尋找商機。商機要靠自己仔細的觀察、研究，尤其商機也像一場情報戰，不能不謹慎從事。

四、重視人才是經商之道：人才是事業的根本，各行各業都需要人才。有人才則成，無人才則敗，所以佛教講「人能弘道，非道弘人」，尤其商場更是需要精明幹練的人才。過去世界各國都「重武輕文」，注重國防建設，但現在大部份民選政府，都以經濟為先。所謂「財經內閣」，因為他們知道，唯有把經濟搞好，社會安定，讓選民就業賺錢，大家口袋滿滿，他們就會投你一票。現在舉世既然如此重視財經問題，經商的商業人才怎麼會不重要呢？

五、善財能捨是經商之道：經商為了營利賺錢，本來無可厚非，但是賺了錢以後，要能懂得用錢。一個優秀的企業家，賺了錢財，都懂得將錢財分享給公司大眾，所謂「紅利分享」。甚至對於公司營利所得，除了正常的繳稅以外，還能提出多少百分比回饋給社會，例如捐給慈善機構，或是一些弱勢團體。所謂「有錢是福報，用錢是智慧」，會賺錢，也要會用錢，這才是經商之道。

跳

各位讀者，大家吉祥！

「跳」是人的動作之一，有的人「急得跳腳」，一定是遇到十萬火急的事，這是很不好的事；但是跳舞也是用兩腳跳來跳去，卻是一派悠閒的樣子。其實一般辭彙裡，「跳」的意義多數是負面的，例如：

一、跳機：一些落後地區的人民，嚮往進步國家的繁榮，但又沒有合法身分，只有用「跳機」的方式達到目的。例如，利用觀光名義取得簽證，入關後就賴著不走，有的要求政治庇護，有的成為非法移民，等到五年、十年以後，最後以難民的身分特赦，達到移民他國的願望。

二、跳票：信用是人的第二生命，但有的人不得已，拿這種生命跟人賴帳，開出去的支票不能兌現，到期只有「跳票」，讓對方損失金錢，讓自己損失信譽，實在可惜。

三、跳井：有的人遭遇困難，不得已「跳井」尋短，結束生命。跳井之外，跳河、跳海都是一樣的意義，都是企圖以一跳來解決問題。

四、跳樓：「跳樓」是現代新興的自殺方式。夫妻吵架，一時氣憤；家庭發生變故，一時想不開。在情緒衝動下，不顧一切從樓上一躍而下，橫死街頭，這種輕忽生命的自殺方式，實在令人驚心動魄。

五、跳槽：職場中，有的人嫌這家公司不好，要換到那家公司去，嫌這個機關不好，要轉到那個機關去，這就叫做「跳槽」。轉換工作本來並無不好，可惜有的人「此山望見彼山高，到了彼山沒柴燒」。尤其，轉換職業要循正當管道，有的人被人以高薪挖角，造成兩家公司之間的矛盾。人生行事，最好凡事來去光明磊落，能夠「皆大歡喜」最為圓滿。

六、**跳牆**：小偷覬覦別人的財物，想要下手，但不得其門而入，只得「跳牆」。有的人做了不好的勾當，不敢光明正大的從前門進出，也只得「跳牆」。但是，人生經過這一跳，人格跳走了，信譽也跳沒有了，所以「跳牆」甚至於「跳梁小丑」，皆不可為也。

七、**跳坑**：跳坑就是「跳火坑」，這是極為悲慘的苦境，若非情勢逼人，誰願意跳呢？但是一些青樓女子，為了家計，為了父母債務，為了兄弟學業，總之，在走投無路時，只得賣身青樓。不過跳下火坑，犧牲一己之幸福，雖然能解決家庭一時的困難，卻也造成社會新的問題。

八、跳級：現在的社會，一切講究制度、規矩，工作升遷、人事調動等，都有一定的制度。但是有的人利用關係，「跳級」升遷，讓同事感到不公平、不服氣，因而心生怨恨。不過，跳級升遷有時也是正常的，例如軍中有人立了軍功，自然可以得到拔擢；學校裡，資優生也可以跳級升學，因為他的聰明才智過人，所以能夠跳級。

跳級，有的讓人羨慕，有的讓人不平。按照一般正常人生的道路，還是以「循序漸進」為好。「跳級」總有一些意外也！

管理學

各位讀者，大家吉祥！

現在最時髦的學科，就是「管理學」。現在每一個行業，都在積極尋找各自領域裡的管理專家，如學校管理、工廠管理、醫院管理、財務管理、圖書管理、人事管理等。可以說，世間上無一不要管理，茲就世間諸多管理中，列舉六事：

一、關於財務的管理：財務管理不是只有收支而已，必須有成本概念，還要懂得投資甚至轉投資之道，尤其要能「開源節流」、「量入為出」。在財務管理上，有的人會管理財富，不會運用財富；有的人會運用財富，不會積聚財富。財富如水，有其性格，從那裡流來，要從那裡流出，所以「十方來，十方去」，就是這個道理。

二、關於人事的管理：財務管理還好管，因為財務基本上沒有聲音，不會抗拒；相對的，人事就比較難以管理了。因為人有思想，有利害，有要與不要，有各自的立場，所以每個機關都有人事部門，專門負責管理人事。人事管理雖然不易，但其實只要公平、公正、公開，只要能對人尊重，於人有利，讓人保有尊嚴，其實也不難管理。

三、關於身體的管理：一個人要管理別人很難，照說管理自己應該比較容易。先生女士早起要漱洗、化妝，這就是一天身體管理的開始。此外，寒暖飽飢也需要安排妥當，忙閒靜動也要有一定的節制，身體能為我們服務多少、支出多少，主人翁的自己，也得把他計算清楚。現在的自然醫學就是重視身體的自我管理，該吸收的、該支出的都能平衡，則身心無罣礙，寒暖動靜也都能適當，就是最好的管理了。

四、關於心理的管理：身體有形有狀，心理無形無狀，因此管理起來就更加困難了。貪心之為禍，貪心在那裡？怎麼管理？瞋心之為害，瞋心在那裡？如何管理？為什麼嫉妒別人？由不得自己；為什麼無明的對人無禮？自己一時也是無法控制。可見人最不能控制的就是自己的心，貪瞋愚癡、疑忌妒恨，雖然佛法裡都有很多方法可以對治，例如五戒十善、五停心觀、六妙法門等，但事實上能把心管好的高手，在世間上也不多見。

五、關於情緒的管理：現在管理學中，最熱門的就是EQ（情緒）管理。別人對我們的情緒固然難以了解，自己對自己的情緒也難以捉摸，喜怒哀樂、得失悲歡，隨時都像天氣一樣，變化無窮。所謂情緒管理，就是在不該怒時不要怒，不該氣時不要氣，情緒會影響別人，管理好自己的情緒，不但替別人留有餘地，也替自己留有轉身的空間。冷靜、中道、忍耐、放下、看開，都是很好的情緒管理。

六、**關於因果的管理**：因果雖然難以管理，但我們可以掌控，「如是因」必有「如是果」，你想要有怎麼樣的結果，就要種什麼樣的因；你種了什麼因，也必定會有什麼樣的後果。如〈因果十來偈〉說：「端正者忍辱中來，貧窮者慳貪中來；高位者禮拜中來，下賤者驕慢中來。」不種惡因，自然不受惡果，這就是最高明的因果管理。

以上所說的管理學，只是以吾人為主；能把自己管好，還怕別人不好嗎？

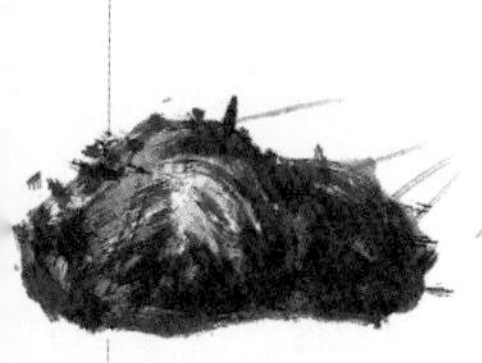

認識

各位讀者，大家吉祥！

「認識」是一門很大的學問，人要認識自己都已經很難了，何況要認識世間。人窮其一生之所學、所知，想要對整個宇宙人生通達百分之一、二，乃至對自己能真切、真實的了然，實在不是容易的事。世界之大，日月星辰，山川湖海，全部都觀看一下就已經不容易了，何況要能完全認識呢？山海的寶藏，天文的玄妙，再加上大自然的萬物萬有，真不容易知道。就是人文社會裡的政治、經濟、科學、宗教，我們也是茫茫然，不容易參透。尤其我們對真理的意蘊，人類幾千年來還在研究，心理上的奧妙，就更加一無所知了。

如是世間上的，不管是物理的、生理的、心理的，或者還稍有可知；但能超然物理、生理、心理的前生後世、因緣果報、緣起緣滅，就不容易認識了。所以談到「認識」，我們要認識一些什麼呢？茲舉其要如下：

一、**我們要認識宇宙間歷史的發展**：現在的人類歷史學家，已經研究到三千年前，乃至四千年前的歷史文化，但是世界上自從有生命以來，幾十萬年甚至幾億萬年的事又怎麼能了知呢？所以對生命的「生從何來，死往何去」常常茫然。我們希望世界上的歷史學家、宗教學家、考古學家，大家能蠲除成見，團結合

作，把關於人間生命的源頭，讓大家認識，這是非常要緊的事。

二、**我們要認識宇宙未來的趨勢**：人之愚癡可憐，對過去固然無所明白，對未來的世界也是一無所知。現在已經有一些學者，注意到未來學的探討，像佛光大學就有「未來學」的研究所。對於未來的太空、未來的世界、未來的人類、未來的生命，大家何去何從？就例如講到人類的發展，從神權到君權時代，從君權到民權時代，從民權到生權時代，現在雖然已注意到生權的意義，但生權的時代發展以後，未來的時代又是怎麼樣呢？從現代電腦E化，再往後一百年、二百年，一千年，一萬年以後，又會是一個什麼樣的世界呢？大家可曾思索過？

三、**我們要認識宇宙當代的問題**：我們知道，現在這個時代以前，有很長很長的歷史演變；我們也知道，在現在這個時代以後，還會有很多未來的年代。但是我們對當代的問題，不管社會的、經濟的、政治的、種族的，更需要悟者給我們的指導。

四、我們要認識自己的生死責任：人要認識別人的眼睛、鼻子、嘴巴，比較容易；反之，認識自己比較難。不但自己的外相不容易認識，尤其我們內心的世界，乃至對自己生命緣起緣滅的認識，所謂「生死未明」，怎不糊塗呢？

認識，這個問題實在太大了，我們如能認識世界的重點、認識時空的關係、認識自我生死的責任，這就算是人類的大徹大悟了。

領眾

各位讀者，大家吉祥！

「領眾」是一門不容易修滿學分的人事管理學。軍團裡的統帥，要帶領幾百萬人的部隊；僧團裡百千人的共修，要靠一個領導人加以統一發號施令。不管任何團體，要想達到統一管理、統一意志、統一目標，所謂「同心同德」，實在不是容易的事。

當然，軍人有軍規，僧侶有戒律；乃至學校有校規，工廠有合約等。但實際上，領導一群人，還是要靠制度管理，靠道德領導，甚至要靠無為而治，靠分層負責，靠待遇優厚來領眾。

不過，以上的各種領導方法，都各有優缺點，因為人性不同，所

以需要有不同的管理和領導。其實，最好的領導之道，還是要維護屬下的尊嚴，施予他的恩惠、關心、呵護，讓他心甘情願的接受領導，才是上策。

關於領眾之道，試舉如下：

一、身先表率：領導者一定要與屬下同甘共苦，走在前面，做在前面，必然會收到很大的效果。

二、公平無私：領導人對於屬下的升遷、待遇、能力、貢獻等，都要有公平的評鑑。

三、操守無虧：領導人要能以德領眾，自己要有高尚的道德操守，例如不貪污，不討小便宜，處處以團體、大眾為第一。做一個領導人，如果自己的道德操守不能為人表率，就無法服眾。

四、充分授權：二次大戰時，艾森豪擔任歐洲盟軍統帥，他說自己只有領導三個人，下面是陸海空三軍各自分層負責。所以領導人要充份授權，只要下面的基礎強大厚實，自己站在制高點指揮，才能事半功倍。

五、尊重專業：一個領導人不可能樣樣皆通、行行皆懂，所以一定要尊重專業，讓專業的人才在他的專業領域裡充分發揮。

六、提拔屬下：一個好的領導人，不可以把所有得力的人才都網羅在自己左右，要讓他們分佈在各個階層，尤其要懂得提拔屬下，每年都要把自己所管的一級、二級人員做一番調整，把三、四級的人員做一些調動，如此像活水流通，人事更新，會有意想不到的效果。

七、勤於溝通：下情要上達，上令要下傳，資訊能互通無礙，思想理念能溝通順暢，事情才能有加倍的效率。

八、與衆同樂：領導人不能高高在上，要放下身段，與眾同樂。

如果是一個班長，要與全班同樂；如果是隊長，要與全隊同樂；如果是司令，要與全軍同樂。

領眾難，其實被領導的人能真正被領導，也不容易；不管領導人、被領導人，總是要知道合作之道，彼此謹守分寸，總想我支援你、幫助你、擁護你、尊敬你，如此上下同心，相互尊重，何患不能水乳交融呢？

層次

各位讀者，大家吉祥！

世間事事物物都有層次的不同，層次就是次第。例如，讀書要有層次，由淺而深；事業要有層次，由小而大；做官也有層次，由低而高。人在社會上的表現，以及種種關係，都講究層次。我和他的關係不夠，就是層次不高；和他說不上話，表示對方的層次比自己超越許多。世間是很勢利的，平時把關係、層次打好，按照層次來進行，就能事半功倍。關於層次，試舉數例，說明如下：

一、**學習的層次**：一般的學校，有小學、中學、大學；一般技術的學習，也分初段、二段、三段。甚至圍棋、象棋的愛好者，他們也有一段到九段的分別。吾人在世間，各種學習，諸如修理水電、修理汽車、修理機器等，都有段數不同，依層次而論待遇高低。學習一定要腳踏實地，不能好高騖遠；學習最忌躐等，不按部就班，學習不專，就表示沒有按照層次進行。例如學習語言，一定要先把發音學好，然後學習單字、片語、文法，之後造句，再到成文。有人學習語言，一年半載就學得很好，有人十年、八年，仍然差距很遠，這就是學習得法不得法的分別了。

二、思想的層次：一般而言，在社會人士當中，思想家總是比較受人重視，占有重要的社會地位。有思想和沒有思想，人生的價值、意義，差距很大。牛馬豬羊，因為沒有思想，因此供人奴役、宰殺。世間科學的發明、人生問題的解決，都是靠思想家的發明，人類文明才能不斷進展。訓練思想可從探索「為什麼」開始，為什麼吃飯？為什麼工作？為什麼有人類？因為一切問題，吃飯吃久了，吃飯就不是問題；工作久了，工作就不是問題。假如你訓練思想，思想是一切學問的原動力，有思想才能從中開展智慧，否則「學而不思則罔，思而不學則殆」。所以佛教主張，要「以聞思修，而入三摩地」，凡事要能提出問題，提出見解，提出看法，不要人云亦云，才會有思想。

三、**語言的層次**：有了學習，有了思想，語言的層次就不一樣了。鄉村的老農、老圃，他們的生活非常單純、質樸，他們講的話都是如實的生活；但是生活的意義、生活的價值、生活的境界，就要靠那些思想家來發揮了。戰國時代，那些遊說各國的說客，如蘇秦、張儀、范雎、樂毅等人，他們能以一席話打動國主，拜為上卿，甚至佩戴六國相印，可見語言層次的重要。

四、**生活的層次**：生命的意義，就在生活，所以生活的品質是人類所追求、提升的。生活的品質，不一定要吃得好、穿得好，衣食住行的享受，並不是生活的品質。生活的品質要在意境的提升，要在生活意義的充實，要在生活藝術的美化。從物質的生活，擴大到精神世界，層次高了，生活的意義也就不同了。

其實，世間各行各業都有層次，如文化的層次、藝術的層次、倫理的層次，甚至職業也有層次。偈云：「三十三天天外天，九霄雲外有神仙」，所謂「天外有天，人外有人」，人類的層次不提升，與一般動物有何不同？所以我們要提升層次，因為人終究是人。

社會福利

各位讀者，大家吉祥！

一個進步的現代化國家，都有很好的社會福利制度，提供人民生活上的福利與保障。在《禮運大同篇》說：「鰥寡孤獨廢疾者，皆有所養」，這就是社會福利；因為不管再怎麼先進的國家，都有一些無依的老人，失怙的兒童，必須給予幫助，這就叫做社會福利。

中國民間的社會福利，大多由慈善人士熱心贊助。例如，為失學的兒童辦義學，為過往的老人辦義塚，甚至為行商市賈辦義莊旅店、義井施茶，都增加了社會的善良風氣。

自古以來，佛教對社會福利工作一直不遺餘力的熱心資助，例如賑災恤貧、救苦救難；長久以來，寺院更是幾乎成了養老院，甚至國家的油坊、輾米、當鋪、錢莊等，都是過去佛教所熱心倡導的慈善事業，也都是社會福利。

關於社會福利，有下列數點意見：

一、**享受社會福利**：一般的公務人員，一生為公家服務，到了年老退休以後，就靠社會福利資助他頤養天年。尤其現在「高齡化」的社會，加上「少子化」的時代發展趨勢，未來的老人更需要靠國家社會來照顧。現在一些養老院、仁愛之家，不少家庭不健全的老人安住在裡面，雖然衣食不成問題，但在精神上無所依靠，感覺孤單寂寞。所以未來老人福利，應該在老人的心理、老人的精神寄託方面，再多給予一些注意、加強，就能讓老人享受的社會福利更加健全。

二、**貢獻社會福利**：社會上，有人享受社會福利，也有更多人在貢獻社會福利，據聞慈濟功德會有百萬會員參與社會福利救濟工作。我們當然讚美許多人錦上添花，但我們更希望社會上一些名不見經傳的社會福利機構，能有更多的愛心人士投入，給予多一些的關懷。所謂「熱鬧的慈悲」容易做，「孤寂的慈悲」就不是那麼容易了。

三、增加社會福利：現在的社會福利機構很多，表示社會進步，但仍有一些對象需要納入社會福利之內來給予幫助。例如：青年求學的貸款、多子家庭的補助、獨居老人的照顧、精神病患的收容、失怙兒童的認養、傷殘人士的復健、失業人士的短暫貸款、乃至療養福利的建立、急難基金的成立、災後復建的專款、老年宗教師的補助、貧窮家庭的喪葬補助等等，希望這些對象也都能得到社會福利的照顧。

四、減少社會福利：上述列舉社會福利要增加，現在何以又說要減少社會福利呢？其實這個一點也不矛盾，現在有一些不當的社會福利，確實應該減少。例如，台灣過去有一些被列為甲級貧戶的人家，現在家有冰箱、冷氣、汽車，這種救濟補助金怎麼能不減少呢？現在一些社會福利好的先進國家，因為救濟補助太過氾濫，養成很多人民不肯工作，只在家中坐領救濟金，甚至寧可在街頭乞討，也不肯工作，如此即使再進步的國家，怎麼不會被福利制度所拖垮呢？所以社會福利制度應該經常修正，當增則增，當減則減，既曰社會福利，當然就要看社會的需要而定了。

敵人的種類

各位讀者，大家吉祥！

國家有國家的敵人，事業有事業上的敵人，恩怨情仇也都可能成為人與人之間是敵是友的判準。每個人，就算是沒有敵人，也不能說完全沒有障礙自己的人。有形的敵人容易防備，無形的敵人難以周旋，茲將吾人的敵人種類，分析如下：

一、經濟上的敵人是得失：經濟涉及財務往來，所以金錢的得失造成了恩怨，如果處理不公、不平，就會成為敵人。市場上的小地攤，雖然各自經營，也會成為對敵；一般小商店，所謂「同行是冤家」，都是因為得失的關係。世界上的經濟貿易，許多企業家翻雲覆雨，無非也是為了經濟上的得失而已。

二、**政治上的敵人是利害**：政治上的敵人妨礙自己的前途，妨礙自己升官，所以政治上結黨成派，總是為了自己的利益。如果能把眾人的利益擺在前面，就是政治家；只顧自己利益，永遠把私利擺在第一位，那就是政客。政治圈如果人人都當政治家，沒有得失，只有正義，只有國家人民，沒有自我私心，那就沒有敵人了。

三、**學術上的敵人是異論**：從事學術研究的人，也有敵人，那就是異論，所以「學術」者，此也是是非，彼也是是非，各有各的立場，各有各的主張。資本主義、共產主義，自然經濟、市場經濟，極權政治、民主政治，在學術上眾說紛紜，莫衷一是。例如，中國自古以來，諸子百家各種學術不夠，還有「雜家」，甚至東西方思想的論證，都是為了學術的異論。有風度的學者論而不爭，沒有風度的則視為敵人。

四、信仰上的敵人是煩惱：信仰上也有很多敵人，外面的敵人有人我是非、瞋恨嫉妒，有時內心更有八萬四千煩惱，所以從事信仰的人，也是非常辛苦，不得安寧，沒有降伏自己的煩惱，在信仰上不能成就。

五、成就上的敵人是嫉妒：各行各業的人士，都希望自己有成就，在事業上有成就，在人事上就會招來敵人。就拿經商來說，百貨戰爭，別人的百貨店也會成為我的敵人；資訊戰爭，誰先取得資訊，對方也可以成為我的敵人。那怕一個小麵攤，旁邊又開一家小麵店跟我競爭，就會成為我的敵人。敵人產生於比較、嫉妒；如果不比較、不嫉妒，就不是敵人，而是朋友。世間上平庸的人比較沒有敵人，凡是能幹，有能力，有成就，別人就會以你為敵。但是嫉妒並不能打倒對方，應該要用智慧、能力、聲望、道德，才能征服對方。

六、終生上的敵人是自己：敵人都是一時的，中韓、中越，都曾對敵，但現在不都成為同盟戰友，美日、美德，也曾有過戰爭，今日不也成為同盟好友？就是世界大戰，戰爭過去以後，還是成為朋友。人生有一個最大的終生敵人，就是自己；自私，就是自己的終生敵人，執著就是自己的終生敵人，無明就是自己的終生敵人，妄心就是自己的終生敵人，降伏其心，才能降伏敵人。

敵人的種類很多，每種行業，每個個人，可以說四邊都埋伏了很多的敵人；自己健全，自然得道多助，即使有敵人，也會有朋友。所以佛教講「龍天護法」、「因果業報」，只要自己爭氣，敵人也不一定能打倒自己。

衝擊

各位讀者，大家吉祥！

颳風衝擊樹林，波浪衝擊堤岸！世間上，只要有所舉動，此一方都會衝擊彼一方。人，都不是獨立的個體，而是相互關係的存在，所謂「牽一髮而動全身」，彼此相互助成，也相互毀滅。例如，戰爭讓很多生命因而死亡、文化因而毀壞，但也有人因為戰爭而發跡，讓世界在另一方面有了更多的成長與另外的建設。茲述「衝擊」如下：

一、**父母的離異衝擊家庭**：現在家庭離婚案件日益增多，夫妻結婚有所謂「七年之癢」，一般到了七年左右就很容易離婚。因為意見不同、感情不睦，很容易離異。一旦父母離婚，對幼小的兒女而言，

可以說是人間最大的風浪。一對夫妻離異，就像天上一顆星星的毀滅，一個家庭因此而破碎，至少也是莫大的傷害。離婚的男女，男可以再婚，女可以再嫁，但是心靈上的創傷是難以彌補的，對家庭的衝擊更是難以平復。看起來今後的社會，遏止兩性離婚是不可能的事，假如能為離婚後的男女做些教育，不要讓社會受損、兒女受害，在這種情況下，讓家庭的衝擊減到最少，這是非常重要的課題。

二、股票的漲跌衝擊經濟：在舉世的各種人口當中，有所謂宗教人口、教育人口、商業人口。現在從事股票買賣的，名曰「股民」。股票的漲跌，尤其大幅的震盪，影響經濟，讓一些股民叫苦連天。現在全世界，從紐約曼哈頓到新加坡、大陸、台灣，多少億的股民人口，每天跟著股票的漲跌，心中不時的七上八下。其實，玩股票是全民的賭博，大家都希望憑智慧、財運能賺錢，你也賺，他也賺，誰是輸家呢？

三、**官員的操守衝擊政壇**：鄉長貪污了，縣長被起訴了，部長被搜查了，這些觸目的新聞，震撼了社會，所以官員的操守，對社會的衝擊，對民心的撼動，不能說沒有影響。報載，過去八年，官員貪污有數可據的，總合起來有六兆五千億元之多，假如把這些平均分配給台灣民眾，每人可得二十八萬。這許多重大弊案衝擊社會，不但造成經濟蕭條，而且失業人口增加，造成嚴重的社會問題。

四、**自然的災害衝擊國家**：所謂「天災人禍」，人為的災難以外，自然災害也會衝擊國家社會。例如，年前大陸的雪災，造成十幾個省份道路不通，機場關閉，尤其人員的傷亡，財產的損失，都可見出災情之慘重。歷年來，各地的地震、風災、水患，也都造成人民傷亡、經濟損失，所以自然災害對國家社會的衝擊，不可謂不大。

五、思想的分歧衝擊人類：人類的思想，過去有君主、民主之不同的思想，現在有共產、資本之不同的主義。總之，人類難得有思想相同的人，所以一個國家，國內有黨，黨中有派，派中有團，團裡又再各有山頭。思想的分歧，衝擊國家的團結；思想可以分歧，但是愛國、衛國不可以二心。

六、利害的取捨衝擊人性：吾人在利害之前，都會有所取捨；取其利，捨其害，這是人性之常。但是，一個社會，如果全民只講利害，沒有道義，也是非常危險。因為一旦利害當前，就會衝擊人性；人性是脆弱的，只懂得取其利、捨其害，然而在利害的後面，有關的好多問題，吾人都有全部考慮嗎？

請假種種

各位讀者，大家吉祥！

在家庭裡，有事外出，總會告知家人「我要到那裡去」。在機關裡服務，有事請假，也應說明假別、事由。

「請假」在任何機關團體裡，是每個成員都應該遵守的規矩。記得有一次，一位特任官的次長不假南下，經過台中，部長一聲令下：

「此假不准」，次長即刻返回。

有的人不願意請假，因為他覺得向人請假等於降低了自己的身份；有的人則是擔心上級不准，因此留書就算。其實請假非表誰大誰小，乃尊重職務權責的意思。請假必須經過主管批准，才算合法。一個國家的總統出

國，也需要外交部發給護照；寺院裡的住持外出，也要知會客堂。官無大小，應該要有去處，如過去儒家有謂「遊必有方」，兒女外出，一定要向長輩告知去處，才是孝順。

請假也是一種工作倫理，代表禮貌、秩序、規矩，如果不請假就外出，失蹤了都沒有人知道，因此請假對團體、個人來講，都有好處。

茲將請假的種種，分述如下：

一、一般假別，大約可分為事假、公假、病假、喪假、婚假、產假等。

二、請假必經主管簽字，才算完成手續。如果請假的時間很短，口頭說明即可；超過幾個小時以上，必須有請假單據。若依過去寺院叢林的規矩，欲請長假者，必須搭衣持具，到客堂向知客師或向當家、住持請假，方被認可。

三、請假單上要註明職務代理人，並詳填請假事由，以及緊急連絡電話。

四、有的人請假不能如願，即表示請假不如法，例如請假條件不符，或是態度不友善。

五、請假期滿，回單位上班時，必須向所屬單位主管銷假。如在叢林裡，必須向知客師銷假，甚至請知客師代為知會當家師，表示制度外，還有另一種人情關係。

談到請假，我自己一生，沒有一分鐘不在大眾的視線之內，我也沒有一分鐘為了私人的事情自己請假外出，我都是在團體裡與眾人同來同去，甚至經常為了密集的弘法行程，不得不被人「限時專送」，後來更成為「快遞」，但是我一生樂此不疲，引以為榮。

適合

各位讀者，大家吉祥！

現在中國大陸積極倡導「和諧」，其實和諧重要，「適合」也非常重要。因為彼此適合，才能和諧；能夠和諧，必定適合。眼看今日社會，許多紛爭，都是因為不適合。男女結婚，個性不合，只有離婚；合夥創業，理念不同，看法不一，因為諸多不合，只有分道揚鑣。或者在很多的場合，因為身份不合；很多的工作，因為能力不合；很多的休閒，因為興趣不合，甚至環境不合、時機不合、意見不合等，造成分裂，紛亂不已。所以現在社會，提倡和諧之外，也要提倡「適合」，例如：

一、適合時勢：審時度勢，這是創業的人先要具備的眼光與能力，因為無論什麼事，都有時間性。春暖花開過去了，你只有接受夏天炎熱的煎熬；湖水漲潮，對你造成不便，只有等待退潮。所以，時機、因緣、情勢，如果沒有觀察周全，缺少一樣，都難成事。就如農夫播種，也要知道時令，商人批貨，也要看好市場，時勢對吾人的事業，不能說不重要。

二、適合環境：家裡想要養一隻狗，環境適合嗎？客廳要成為工廠，空間適合嗎？台灣的水果揚名大陸，大陸的土地廣大，台灣何能比也！但是因為氣候、雨量、土質、環境不同，結果當然也不一樣，這是不能勉強的。

三、適合身份：你是普通平民，硬要躋身上流社會，身份不合，所以「龍交龍，鳳交鳳」，這也是勉強不來的。想要躋身上流社會，必先養成上流社會的禮儀、氣質；如係上流社會的人士，硬要他到農工之家生活，也會格格不入。所以過去男女結婚，講究門當戶對；人格本來是平等的，可是表現到身份上，還是有差別。

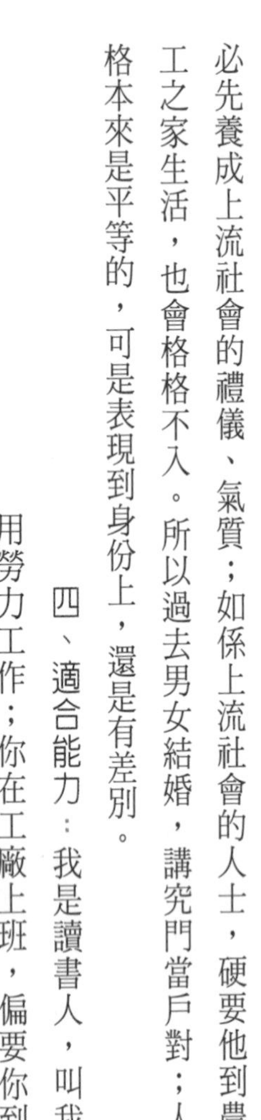

四、適合能力：我是讀書人，叫我用勞力工作；你在工廠上班，偏要你到農場栽種，能力不適合，不但痛苦，而且成效不彰。因此，士農工商，各行各業，都要找適合的人共同創業，才能事半功倍。

五、適合需要：今天家中有貴賓來訪，需要一套沙發，你送來許多長板凳，不合需要；我家牆壁很小，只能掛

一小幅掛軸，你送我一幅大大的世界名畫，也與現實不合。平常的鞋襪衣帽，都要合用才有價值，不合需要，即使名牌也派不上用場。

六、適合興趣：每個人都有自己的興趣、愛好，不論工作、休閒，適合興趣，生活充滿無限樂趣；不合興趣，日子枯燥難過，所以適合興趣很重要。

總之，人和人的相處，物和物的使用，情與情的交往，都要講究適合。適合則和，不適合則分，此乃理所當然也。

學習語言的方法

各位讀者，大家吉祥！

隨著資訊、科技、交通的發達，現在國與國之間不但「天涯若比鄰」，尤其隨著「全球化」的發展趨勢，未來必然是一個「地球村」的時代。

在「地球村」的世界裡，不會第二國語言，將成為現代的新「文盲」。因為未來的世界裡，國與國之間要打破地域、疆界，人與人之間要消除藩籬、隔閡，必須靠語言的溝通，所以每個人都要具備外語的能力，有講說外語的能力，才能真正「走出去」。

語言是自然的學習，學習語言要有環境，還需要時間的累積，不是一日可成；尤其要靠自己的決心、毅力，要感覺到有實際迫切的需要，如此奮發努力，用功學習，才能學有所成。

除此，學習語言，不管英文、日文、韓文、西班牙文、中文等，如果懂得方法，將能收到「事半功倍」的效果。以下茲舉一些方法，提供參考：

一、每天自己開口講十分鐘，而且一開始務必要把發音學習正確。

二、每日利用早餐、做家務等零碎的時間聽錄音機半小時。

三、每週看一次電視長片。

事。

四、每星期學一首歌。

五、每日找人對話半小時至一小時。

六、每天收看當地的新聞報導，一方面熏習語言，再者了解時

七、每日撰寫一篇外文講演稿，增進書寫能力。

以上七個方法以外，也可以參加遊學團，利用出國遊學的機會，實際融入當地人的生活裡。尤其一些原本已經在外的留學生，每日可儘量與當地學生同桌用餐，甚至與當地學生同寮住宿，增加開口交談的機會。

總之，學習語言和做任何事一樣，唯有多下功夫，別無捷徑，只要自己敢開口多講，平時多聽、多背、多用心、多應用，自然就能把語言學好。

森木亂
鳴蟬
正中帶
俏小魚

整合

各位讀者，大家吉祥！

過去有人批評中國人像一盤散沙，意思是說，中國需要重新整合。客廳的布置不滿意，需要重新整合；園院的設計不理想，需要重新整合。現在有人嫌自己的容貌不好看，於是重新整容；人事安排不當，也需要重新整頓。世間需要重新整合的事例極多，試舉數事如下：

一、**資源需要整合**：過去中國只重視中原的開發，不重視邊疆地區的發展，所以現在邊疆地區相對比較落後。多年來，美國援外的政策，重歐輕亞；現在台灣社會的資源，一直是重北輕南。其實，手心是肉，手背也是肉，只要是人居住的地方，為什麼不能有同樣的待遇呢？交通、水利、公益、農業、社會建設，都與全民生活息息相關，資源需要整合，然後平均分配；就像農夫種田，播撒的種子要均勻分布，將來才有滿田的果實可以收成。

二、人力需要整合：在資源整合中，人力也是需要整合的重要資源。現在進步的國家有所謂「人力銀行」，銀行一般是用來儲蓄錢財，但其實人才也是需要儲蓄的重要資源。武則天當政時，駱賓王為徐敬業寫了一篇〈討武曌檄〉，把武則天罵得一文不值，但是文章確實寫得好，武則天不禁拍案叫絕說：「這種人才不能為國家所用，實在是宰相之過。」這是表示武則天很重視人才。唐太宗也曾因為魏徵對他不夠恭敬，而批評其忠誠不夠，魏徵說：「陛下要用順您意的忠臣很多，但臣是想做個幫陛下治理天下的良臣」。唐太宗也十分欣賞魏徵的才幹，對他幾乎言聽計從。現在我們的社會，都是重用親族、鄉黨，或是同一個派系裡的人，把一些具有安邦定國之能的人才，棄而不用，良可浩歎。現在世界各國，都懂得建立一個聚集賢才能人的機構，藉以儲備、發掘人才；各個機構、團體，也在尋找適任工作的人才。我們看得出，中國大陸都在整合人力資源，可是台灣呢？

三、種族需要整合：全世界的每一個國家，都有不同的種族，但是他們都在力謀種族的融和，不容許種族分裂或歧視，例如美國就是一個種族的大熔爐。我們到紐約曼哈頓街上走一遭，可以見到來自世界的白種人、黃種人、黑種人等各種族，但在美國，都稱做「美國人」。曾經美國也有過種族歧視，例如白種人不肯和黑人共讀一所學校，美國政府不惜下令用軍隊保護一個黑人學童到白人學校就讀。因為經過美國政府如此大力整合，才有現在美國種族的融和。

四、宗教需要整合：宗教都有排他性，自我為是，自我為好。世界上宗教很多，中國承認的有五大宗教，台灣有十七個正式向政府登記的宗教。美國是一個基督教國家，但是不同的宗教之教會、教堂、寺院，到處林立；日本、泰國應是佛教國家，但日本、泰國也都有很多不同的宗教。現在世界已經是個地球村，都有融和的政策，大家經過整合，各安其分，所以信仰自由，互相尊重，互不排斥。只有一些未開發的地區，對宗教存在狹隘的思想，只許自我存在，不容許不同的生存。其實宗教的融和，才是社會安定的力量，所以宗教不能不加以整合。

選手

各位讀者，大家吉祥！

社會上，不管那一界，不管那個階層，那個領域的人士，只要能當上選手，總是一份榮譽。珠算好，成為珠算選手，書法比賽成績優異，成為書法選手。此外，體育的選手、科技的選手、歌唱的選手，甚至圍棋選手等，能成為選手，就是代表傑出的意思。

選手也分有地方的選手、國家的選手；獲選為國家選手，就可以代表國家參與國際競賽，這是一份無上的榮耀，所以人人都希望能成為國家選手。

其實，成為選手不只是自己的榮耀，還具有如下意義：

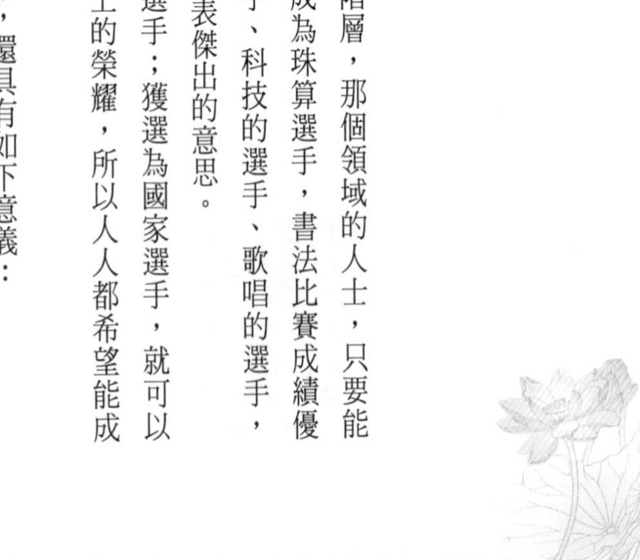

一、**可以為國爭光**：成為選手，可以參加國際比賽，代表國家在國際場合與他國選手一較長短，只要能獲得勝利，所謂「為國爭光」，一旦載譽歸來，國人莫不夾道歡迎，因為大家都會覺得「與有榮焉」。

二、**可以找尋出路**：一個人能當上選手，就容易找到人生的出路，因為選手不但出人頭地，而且容易獲得響亮的名聲。例如當選中國小姐，頂著這個頭銜、光環，很多人順勢往銀河發展，不但前途看好，甚至還能嫁個如意郎君。即使當上一般的國家選手，不但光宗耀祖，榮耀鄉里，甚至可以獲得國家的資助，未來的人生出路就寬廣多了，真可以說是前途無量。

三、**可以激發潛能**：能夠成為一名選手，就代表他的本領高超，表現傑出；假如當上選手之後，尤其能再更進一步的激發內在的潛能。佛經講「人人皆有佛能」，人都「能」成佛了，還有什麼不能的呢？每個人內在都蘊藏著無限的潛性，只要我們努力開發，潛能都可以逐漸發掘出來。所謂「精誠所至，金石為開」，世界上很多傑出的選手，甚至神通、靈異等種種少有的現象，無非都是開發潛能的結果。潛能好像山中的寶藏，取之不盡，用之不竭，只待我們自己去開發。

四、可以彼此交流：人從兒童時期進入學校讀書，就各自表現自己的潛能；當潛能發揮到相當程度的時候，老師就會選他出來當班長、副班長等各種幹部，或是帶領同學朗讀，甚至代表學校參加校際演講比賽等。成為學校的選手，不但可以在自己校內和同校同學交流，甚至可以和他校的學生互相比賽、切磋，甚至和國際間一流的選手較量，相互交流，累積經驗，成為自己人生難得的歷練。

五、可以帶動風潮：傑出的選手可以成為民眾的模範，成為國人、鄉親效法的對象，因此選手可以帶動社會的風潮。例如，一個國家裡，有許多籃球選手，經常代表國家出國比賽，就會帶動許多人嚮往打籃球，無形中自能產生許多的籃球選手。棒球打得好，也會產生許多傑出的棒球人才。由此類推，因為社會各界有許多傑出選手，就會產生各種傑出的人才。所以，每一個國家，每一個社會，每一個階層，都應該用心培養各種選手；國家的選手多了，還怕社會不會進步嗎？

不過，除了技術上的選手以外，我們尤其盼望在精神、心靈方面，也有許多傑出的選手脫穎而出，例如禮儀的選手、道德的選手、氣質的選手等。其實，在我們的社會裡，舉凡模範爸爸、模範媽媽、模範農夫、模範工人等，他們不都是值得推崇的選手嗎？

選舉政見

各位讀者，大家吉祥！

現在自由民主時代，為了民主政治的體現，每個國家到了一定時刻，都會舉辦大大小小的選舉。選舉時，候選人都要提出政見，如能獲得選民欣賞，讓他覺得實用，這一票就會投給你，你就能勝選。

遺憾的是台灣的選舉，選民吵吵鬧鬧要候選人端出牛肉來，意思就是要有政見。但是真正提出了政見，選民也不見得會去仔細研究，做為自己投票的依據，還是要看候選人和自己的關係，例如同鄉、同學、同宗、同派等。只要「同」，就有選票；「不同」，再好的政見也沒有用。

甚至選舉期間，只要候選人勤於掃街拜票，讓選民覺得你跟他有握手、有拜託、有交集、有來往，這一票可能就會投給你；如果只憑政見，沒有親自登門拜訪，沒有跟他拜託，可能他也不知道你的政見是什麼？

所以，長期以

來我總覺得台灣多數民眾的選舉，只是選關係、選印象，甚至選賄賂；此次馬英九先生能靠形象和政見，當選第十二任總統，可以說是此中的異數，這也可以看出台灣的選民知見在提升，台灣的民主素養在進步。

民主政治的選賢與能，基本上要觀察候選人平常的待人處事，以及他所提出的政見內容，這仍然是最重要的。候選人究竟應該提出什麼樣的政見呢？

一、**具備空有的政見**：「空有」的思想，在佛教裡是很深的道理，如《般若心經》講「色即是空，空即是色」，也就是是

「空有不二」的意思。「空」表示大，選舉的政見，要讓全民看到你的大政方針，要從遠大的未來去著想，尤其是競選總統的人，所提的政見應該是關乎全民，是能提升國家未來的政策，而不是為了少數的個別。

所謂「有」，就是要有數據，要有具體內容、要能實際落實。像馬英九先生此次競選時，提出「不統、不獨、不武」、「維持兩岸和好現狀」、「近期開放三通」、「統獨擺兩邊，經濟擺中間」，甚至「要讓台灣人民的年收入達到三萬美金」等，我認為這就是「空有」兼備的政見了。

二、**具備實用的政見**：政見要能說到做到，做不到的就不能說出來，千萬不能如中研院的一位李先生說「選舉的時候說什麼，選舉後做什麼又是另一回事」。選舉的政見一定要能兌現，台灣每次選舉，多少美麗的政見都不實用，甚至只是淪為選舉語言，根本不能切實執行，這種不實用的空頭支票不能當政見。

三、**具備至善的政見**：政見要能促進社會和諧，要能提升道德良知，要能帶動選民的人格昇華，要能有益於全民的團結；如果故意挑撥族群對立，或是窮打對方的缺點，甚至把對手的祖宗八代和家人都提出來批評、辱罵，這是最下策的競選手法，也是不良的選舉示範。

四、**具備盡美的政見**：選舉是政治的改良，能讓好人出頭，讓國家提升，這是最美好的人間事。可惜每遇選舉時，但見某些候選人聲嘶力竭的醜化對手，台上說著美麗的競選語言，台下所做的盡是分裂、仇視、賄賂、造謠等競選行為。為了騙取選票而不擇手段，這種惡劣的競選手法，最後終將被選民所唾棄。

因此，未來台灣的選舉，假如候選人都能站在自己的立場，很有風度的讚美對手的優點、長處，同時提出自己的政見，交由選民作出理性的選擇，這就是台灣民主政治的最大進步了。

壓力

各位讀者，大家吉祥！

人生有很多的壓力，有些人缺少抗壓的能力，輕則精神衰弱，重則罹患憂鬱症，甚至自殺，自我了結生命。人生在世，要能活得快樂，首先要訓練自己對別人的語言有抗壓力，因為我們沒有辦法讓每個人都說我們歡喜聽的話，我們也沒有辦法讓每個人都給我們好臉色看，甚至別人對我們的態度不友善，我們都要有抗壓的能力。

大自然裡，一棵小樹苗，從泥土裡突然蹦了出來，因為它有抗壓力，自然能開花結果。人不能不如一棵小樹苗，人對世間的種種壓力，也要有抵抗的能力，才能生存。人生有些什麼壓力有待我們抗衡的呢？

一、**社會的壓力**：社會是大眾群居的地方，人和人在一起，如體育場上，你推我擠，雖然人懂禮儀，但是一些小動作仍在所難免。我們對社會大眾所加諸的不友好、歧視、打壓，不能完全沒有一點抗壓力。

二、**政治的壓力**：一般善良的老百姓，小至報個戶口，都要忍受戶政人員的為難。平日居家，警察上門查戶口，那種惡狠狠、凶巴巴的態度，都讓人感受到政治帶來的壓力。尤其思想不同、意見不一、不是同黨同派，所遭受的壓力就更多了。

三、**環境的壓力**：有的人居住在偏遠山

區，上下班交通不便；有的人住在都市大樓裡，地狹人稠，感到很壓迫。周遭鄰居，大家相處，彼此好像都不懷好意，不但無法守望相助，甚至吹毛求疵，你批評我，我找你麻煩，彼此如同冤家相聚，感到無比壓力。

四、**媒體的壓力**：現在的媒體，報紙、電視台一家又一家，每天的新聞，不是娛樂八卦、街頭抗爭，再不就是殺盜淫妄，或是政治口水戰。一天裡，同樣的新聞播了又播，讓人真有疲勞轟炸的感覺。有的人不看電視、不看報紙，但不表示這樣就能擺脫媒體的干擾，有時一個平凡小老百姓，家裡有個風吹草動，媒體記者就誇大報導，讓你每天都在媒體的壓力下生活。

五、**生活的壓力**：生活是現實的，生活也是一個很大的壓力。一個小公務人員，每月所賺有限，但是子女的教育費，一家大小衣食住行的生活費，甚至家中偶爾有人生病了，醫療費是一筆龐大的額外支出。乃至親朋好友有了婚喪喜慶，紅白帖子也不能不應付等等。生活的種種開支，每天都很現實的浮現在生活裡，怎能不讓人感到生活的壓力重重！

六、**自我的壓力**：在各種壓力當中，自我的壓力可能是最吃重，最辛苦的了。自己承受來自社會、家庭、經濟、人情、工作、環境等等的壓力，不但身體要承擔很多生活的壓力，內心還要背負自我的要求、自我的矛盾，乃至人我是非、人情世故的衝擊，真是讓人感覺「天長地久有時盡，壓力綿綿無絕期」。面對這麼多的壓力，我們也只能祈求信仰的力量，幫助我們釋放壓力，減輕壓力，從壓力中解脫出來，才能還給我們一個自由自在的心靈！

營養

各位讀者，大家吉祥！

世界上，動植物乃至礦物，都需要食物供給營養；如果沒有外物給予營養，就難以生存。森林裡的樹木，需要日光雨露的滋養；大海裡的游魚，需要海水才能維生。人類更是需要仰賴萬物供給營養，有了營養才能生存。

什麼是人生存的營養呢？

一、物質：人要生存，少不得陽光、空氣、水，即使是住在牢獄裡的犯人，每天除了吃飯、喝水，也要有半小時、一小時的「放風」，以便讓他接受陽光的溫暖，以及呼吸新鮮空氣。沒有陽光、空氣，任何生物都活不了。乃至水分，一天不吃飯尚可忍耐，一日不喝水則難以忍受。其他如米、麵、菜餚、礦物質等，都是生命所需的營養，甚至有些肉食動物，更用別人的生命來滋養自己的生命。

二、愛情：人稱「有情眾生」，因為人乃從「愛」出生，所以需要愛的滋潤，包括父母親人的關懷，同學朋友的鼓勵，男女之間的情愛，社會大眾的供應等。人間有愛才有生命，才能生存。

三、精神：人除了身體上需要食物的滋養以外，還要有精神食糧的提升，例如要音樂、要讀書，要藝術，要美感，要舒服，要愉快，要歡喜。老奶奶的眼神，就是小孫子的精神支柱；父母的一句讚美，就是兒女向上的動力。

四、思想：人稱「萬物之靈」，因為人有思想。多少偉大的人物，物質貧乏不能自存，精神也無依靠、支柱，只是憑著思想維持他對生命的希望。蘇格拉底、柏拉圖、亞里斯多德、老莊、孔孟、諸子百家，乃至王陽明、朱熹等思想家，他們不但自己的思想超然物外，不受人間的榮華富貴所牽引，甚至他們把思想的花朵，散發芬芳，分享世間大眾。

五、語言：人在世間生存，有的人可能不受金銀財寶所左右，但是很難不受語言文字所影響。禪門的一句「隨他語」，讓八十老僧趙州禪師千里迢迢尋師訪道。尋找一句話的答案很不容易，但一句話「一言令人生，一言令人死」，威力難以抵擋。例如，有的人窮途潦倒，陷入絕境，因為別人一句話的激勵，重新鼓起勇氣，再啟生機。乃至「一言以興邦，一言以喪邦」，可見語言的力量之大。平時我們也曾有過這樣的經驗，當你專注聽人說故事，聽得入神時，可能忘了肚子餓；有時聽戲聽得渾然忘我，也可以把肚子聽飽，可見語言的營養價值很高。

六、信仰：各種營養當中，信仰的養分最為神奇。大梅禪師「一池荷葉衣無盡，數畝松花食有餘」，這不是信仰的營養嗎？甚至念佛參禪的人，雖然少食，但是精神充沛，慢慢走入證悟之門，這不是信仰的營養而何？

總說上述的營養，物質、愛情、精神、思想、語言、信仰，對人都有貢獻。此外，還有許多為人體所需要的營養，都應該攝取。不過最重要的，生命的營養應該是昇華而不墮落，向善而不趨惡，向前而不後退，奉獻而不自私，如此才是真正滋養生命的養分。

縮水

各位讀者，大家吉祥！

公司發不出薪水，減少員工的待遇，薪資縮水了；三餐本來是四菜一湯的飯菜，現在改成二菜一湯，這是飲食縮水了。有形的物質減少使用，物質縮水；精神上的奮發也不那麼勤奮了，這是精神上的縮水。縮水，就表示退步，表示力量不足，表示有待改進，所以人生不能縮水。世間萬事為什麼會縮水呢？

探究其原因不外乎：

一、品質不好，布料會縮水：我們買了一丈二尺的布料回家，準備做一件長衫。縫製前，先把布料放入水中泡洗一番，結果經過這麼一泡，一丈二尺的布只剩下一丈，二尺因為泡洗後縮水了。縮水的布料不夠做一件長衫，只能做一件短褂，這就是縮水的結果。

二、投資失利，財產會縮水：我們準備了相當的資金，跟他人合夥投資，但是經營不善，或是時機不對，原來的資本經過一段時間的運作，忽然減少了，這是投資的縮水。有的人原本承諾的資金是數千萬元，但最後只能半數兌現；資金不能如數到位，就是縮水。有時投資失利，或是產品賣不出去，例如投資房地產，房產不景氣，或投資股票，股票一直跌停板，這就是投資不利，當然財產就會縮水。

三、工程擴大，經費會縮水：從事工程建築的人，圖樣一直修改、一直擴大，最擔心的就是原來的預算不夠、經費不足，或是遇到物價波動，幣值貶值，都會讓經費見絀。如係公家的工程，可以追加預算，國家可以負責；如是私人的工程，追加預算不容易，難免出現

經費縮水的窘境。

四、討價還價，品質會縮水：一般人購物，總喜歡討價還價，但是商人不會做賠本的生意，如果你硬是要討價還價，他只有在品質上出你意料之外的縮水，以滿足消費者愛討便宜的心理。品質不好的產品，如褪色、不堅固、容易破損等，都是因為討價還價，以致造成品質縮水的後果。

五、思想落伍，目標會縮水：有的人思想本來是先進、開放而豁達的，但是隨著年歲漸長，到達某個時期，觀念有所改變，想法轉趨保守，那麼他的計劃、目標，都會受到很大的影響。例如，思想裡本來想辦一所大學，但因為土地昂貴，購買校址不易，不得不改變原來的想法，只能辦一所小學，以減少支出；本來想寫一篇一百萬字的長篇小說，但因為體力、時間不夠，資料收集不齊，只寫了三十萬字就草草結束。像這種思想、觀念上的縮水，目標就難以到達了。

六、言行不一，人格會縮水：人都有人格，有人格才會受人尊敬。例如，我非禮不取、非禮不動；平常做人，說一是一、說二是二。說到做到，信譽卓著，當然就能為人所尊敬；反之，有的人讓人感到他的言行不一，說的是一套，做的又是另外一套，這時人格就會縮水了。由於人格縮水，人望、能力都會降低，縮水的後果，真是叫人難堪！

謠言

各位讀者，大家吉祥！

謠言滿天飛的社會，是一個不健康的社會。自古以來，政治上意圖當皇帝的人，往往假造籤詩欺騙民眾，表示自己為王稱帝，是乃「承天意以從事」；也有一些人假借宗教之名，妖言惑眾，以遂自己的不軌圖謀。

社會上，由於有一些人唯恐天下不亂，因此只要發生一點芝麻綠豆大的小事，馬上就會被繪聲繪影的大肆渲染。所謂「好事不出門，壞事傳千里」，人性本來就有好傳是非，好打聽別人隱私的劣根性，只要人家兒女私奔了、男女偷情了、兄弟分家失和了，馬上成為街頭巷尾的大新聞。

其實，一個健康的社會，每個人都應該對自己的行為負責。若有違法情事，應該依國家法律處理，犯不著別人用謠言來給予傳播。對於謠言，一個有智慧的人，應該懂得如何處理。茲將謠言的處理，略述如下：

一、**謠言不可聽**：當兩軍作戰，聽說前方某處被攻陷，某地已經失守了，軍隊死傷無數。這樣的消息傳開，後方人心惶惶，人人自危，這是正中敵人之計；因為後方的社會不能安定，前方的軍士怎麼有心作戰呢？

二、**謠言不可信**：既是謠言，怎麼可以相信呢？例如，有人說，南極星翁在某某路口替人祈福，大家趕往一看，只是一個乞丐，沒有什麼南極星翁？你既知南極星翁只是神話中揑造的一個人物，怎麼能相信呢？

三、**謠言不可傳**：在抗戰期中，日本飛機不斷到中國轟炸。每當飛機一來，警報響起，民眾在躲警報的同時，也會相互訊問：「是幾架飛機？」「是一架飛機。」隨口說的話，到了第二個人就傳成「就是十一架飛機。」再有人問：「究竟是幾架飛機？」回答：「九十一架飛機。」從一架飛機，經過三個人轉話，就變成九十一架飛機，你說謠言怎麼不可怕呢？

四、**謠言不可說**：明知是謠言，我們就不要跟著謠言起舞，所以謠言不可說。人的惡習，不喜歡聽真實語，喜歡聽謠言；不喜歡說真實語，喜歡說謠言，所以謠言的社會不可愛，令人厭惡。

五、**謠言不可怕**：過去常有宗教界傳說：「世界末日來臨了！」「地球即將毀滅了！」那裡發生一點地震、風災，就繪聲繪影的說：

「這是神在懲罰世人！」說得人心驚膽顫，害怕無比，好像人類的末日就在今天。但事實上，預言一項也沒有發生，太陽一樣照常升起，日子一樣在過，所以謠言不必害怕。

六、**謠言不可惑**：謠言最能惑動人心，如果你想要破壞兩個人的交情，或是想要污損一個人的名譽，你只要造謠生事，說他即將造反，說他出賣朋友，說他集眾滋事，說他捲款潛逃……，很快就會造成很大的殺傷力。所以，搬弄是非，兩舌惡口的謠言，只要你輕易聽信以後，朋友不再像朋友，同事不再像同事，即使骨肉兄弟，也會被謠言所惑而拆散了親情，所以說「是非止於智者」，千萬不可以輕易被謠言所惑。

轉

各位讀者，大家吉祥！

俗語說：「山不轉，路轉；路不轉，人轉；人不轉，心轉。」在人生的際遇裡，「轉」表示有空間，有餘地，有去路，有通道。人生要學會了轉，如果不會轉，碰壁了怎麼辦呢？如果不會轉，人生的路就很難走下去，所以人生能有「轉」的機會，非常重要。一般所謂「危機」即「轉機」，「轉」之一字，對人生的重要，不言而喻。

說到「轉」，人生有那些轉機呢？

一、**學生要轉學**：學生「升學」固然要緊，「轉」也很重要。有時在此處學習，師資不契，環境不便，當然只有「轉學」一途。既然轉學就有新的契機，新的際遇，何嘗不好。

二、公務員要轉業：

社會上，在公私機關團體服務的人，遇到興趣不投，機遇不好，或是長官不相知，不得已只有「轉業」，另謀他就。轉業之後，可能遇到良師益友，可能新的事業更能得心應手，所以轉業未嘗不好。

三、工廠要轉型：

一個百年老店，就算再有歷史，但隨著時代潮流的進步，不「轉型」有時也無以生存，就像現在的公營事業，諸如台糖、電力公司、電信局等，都要轉型。轉型以後的公司，可能更擴大，更有發展，何樂而不為呢？

四、**事業要轉機**：在士農工商的事業裡，有時遇到一個「轉機」，不能太執著。有人從事房地產事業，房產已過時，怎能不另找其他的轉機？辦學校，可能大學一下增設太多了，何必一定要辦大學，辦研究所、托兒所，未嘗不是辦教育？辦報紙、編雜誌、開書店，文化事業太多了，又何必投身此中去和人競爭呢？也可以改為從事其他藝文、體育等事業，可能競爭的人少，更容易發展，這就是轉機。

五、**做人要轉身**：一個人走到前無去路，後無轉身之地，就會苦不堪言。佛教講「回頭是岸」，轉個身，前途更寬廣，所以人生能前則前，不能向前，回頭的空間更大，回頭也是向前。所謂「天無絕人之路，地無絕人之去處」，人能轉個身，處處都有道路。人就怕思想想不開，一味執著，一味鑽死胡同，到了無路可走時，真是叫天天不應，叫地地不靈。

六、修行要轉心：修行，有時心中的迷執太多，不轉，不能進步。要緊的時候，能懂得「回心轉意」，自然海闊天空，所以要轉迷為悟，轉邪為正，轉愚為智，轉苦為樂。

轉，當然可能轉好，也可能轉壞；也許轉對，或許也會轉錯。所以當轉的時候，也不能不注意，不能不評估，如此一轉，後果如何？總之，得轉身時要轉身，當回頭時要回頭，懂得回頭轉身，人生之路無比寬闊。

簽名

各位讀者，大家吉祥！

過去的中國社會，對於重要文件，總要加蓋印章，以便徵信，證明無誤，但今人只重簽名，以簽名表示負責。所謂簽名，必得要關係人親自簽名，如係代人簽名，就有偽造文書之嫌，恐將吃上官司，所以現在的社會，把簽名視為重大之事。國際之間，要訂定任何合約，須要外交部長簽名；兩軍戰爭，要簽訂和平協議，不管勝敗雙方，負責談判的代表人都要簽名，以表示履行無悔。

現在社會，簽名愈來愈普遍了，例如：

一、新書發表要簽名：某一位作家，某一位名人，如果有新書發表，願意為讀者在書上簽名，必定有許多崇拜者，紛紛購書要求簽名，把作者或名人親自簽名的書籍，視如寶貝，尊貴無比。簽名紀念，彼此不會造成損失，大家都樂於奉行如儀。

二、知名人物要簽名：電影明星走到那裡，都有一些影迷要求簽名；社會名人，走到那裡，也有一些粉絲跟在後面，請他簽名。影視、社會名人的簽名容易，要求政治人物簽名，可就不是那麼簡單了。因為政治人物身邊的護衛很多，要想親近請其簽名，非常艱難；不得已，只有求助其他關係，務必要擁有心目中偶像的簽名紀念，才覺榮耀、滿足。

三、勝利歸來要簽名：體育選手出國比賽，打了勝仗，榮歸國門，在機場上，就有許多球迷等著要求簽名；一個國際間的和議，外交代表團為國家爭取榮耀，建設公權，就是談判成功。當任務完成歸來時，也是舉國歡欣鼓舞，熱心人士更會趕到機場歡迎，並且要求與會人員簽名，以為紀念。戰爭勝利，班師凱旋的戰士健兒們，一個個如天神般的受人崇拜，當然大眾也會要他們簽名，以誌紀念。

四、**宣言抗議要簽名**：我們有什麼主張、意見要對外發表，所謂發表宣言，這時也要在宣言上簽名，才算有效。如果對一些團體機關有所抗議，大家也競相簽名，聯名抗議。例如，假設美國要在台灣駐軍，民眾要簽名向美國抗爭；日本要和台灣復交，民眾如果不滿意，也可以簽名向日本抗議。抗議，是因為怕復交以後，他會經濟侵略，怕國家的利益會被對方鯨吞蠶食，所以要聯合簽名，表達抗議。

五、**重要文件要簽名**：所有的集會，參與者都要簽名，一者紀念，同時表示負責。所有會議的文件，雙方領導人也都必須簽字，因為一切文件，簽了字以後，在法律上就有法律責任，雙方都要照約履行，如有一方不履行簽過字的合約，另一方可以鳴鼓而攻之，也就名正言順，師出有名了。

社會上，有一些慈善、公益團體，有時候為了募款，都會舉行各種義演、餐會等，請富商名流參加，同時在會中請大家認捐。這時候一個名字簽上去，可能就是代表一百萬、五百萬，甚至上千萬元的捐款，由此可見，簽名的價值之重了。

關於自殺

各位讀者，大家吉祥！

社會真奇妙，什麼都可以流行，現在連「自殺」都流行起來了。「自殺」就是自己結束自己的生命。世間上，有的人「求生不得」，為什麼有人想要「求死」呢？

生命是可貴的，如《法華經》說，得人身如「盲龜浮木」，真是千載難遇；又說：「得人身如爪上泥，失人身如大地土。」生命無比珍貴，為什麼要輕易把他毀滅呢？

有的人罵人「活得不耐煩了！」分析自殺的原因，有的是商場失意而自殺，有的人因為感情失戀而自殺，有的人受不了課業壓力而自殺，有的人因為睡不著痛苦不堪而自殺，有的人久病厭世而自殺，有的人一時生氣、嫉妒而自殺。儘管自殺的原因、方式千奇百怪，但自殺者無非是為了逃避現實，以為自殺可以解除痛苦，因此想要一死了之。

其實，自殺者把痛苦留給別人，自己也不見得能解脫痛苦，因為自殺也是殺生，所以在經典裡說，自殺、教殺、見殺隨喜、助人殺，都是罪無可逭。茲將自殺後的情況，略說如下：

一、自殺不一定會死：自殺者被人救活的案例，為數不少。甚至有的人自殺死後入殮埋葬，幾年後揀骨時發現，屍骨錯亂，原因是死後又再活過來，在棺木裡經過一番掙扎而死。

二、自殺不能解除痛苦：上述的各種自殺者，自殺以後不但不能解決原有的問題，反而增加殺生罪過，只會更苦。

三、自殺留給別人麻煩：自殺者把自己的問題留給別人，讓家人痛苦、麻煩，自己卻一走了之。自殺者之自私，很難獲得諒解。

四、自殺留下壞名聲：一般正常人，日子可以過，不會想要自殺；自殺者必定人生有了問題，因而用自殺逃避，所以會留下壞名聲。

五、自殺以後罪加一等：生命不是屬於自己個人，甚至也不是父母生養就是父母的，生命是大自然所共有，所以個人沒有資格自殺，如果愚癡動了自殺的念頭，必定罪加一等。

六、自殺浪費社會成本：一個人，從小父母養你，社會教你，長大後不知回饋報答而自殺，造成社會

成本的浪費。

總之，自殺是愚癡的行為，自殺者不能引起別人的同情，更不能獲得家人的諒解，所以有自殺念頭的人，自殺前應該多想一想，如日本青木原自殺森林入口處的告示牌說：

「生命是雙親所給與的珍貴之物，
請再想想你的父母、兄弟和孩子。
不要一個人煩惱，請試著與我們談談。」

自殺不是解決問題的唯一方法，當然更不是最好的方法，有自殺念頭的人，應該找人好好談一談，只要自己多給自己一些機會，生命就會再現生機。希望想要自殺的人，能夠再給自己一次機會！

用容顏表達歡喜，用雙肩擔當責任，用微笑美化人生，用胸懷包容一切。

愛語如春風，好言如冬陽，
真心如光明，慚愧如瓔珞。

國家圖書館出版品預行編目資料

前途在哪裡／星雲大師著. --初版. --臺北市：
香海文化, 2009.03　面；　公分. --（人間萬事. 6, 社會觀）
ISBN　978-986-6458-05-7（精裝）
1.佛教說法
225　　98000487

人間佛教叢書
人間萬事❻社會觀

前途在哪裡

作　　者／星雲大師
發 行 人／慈容法師（吳素真）
主　　編／蔡孟樺
繪　　者／小魚
資料提供／佛光山法堂書記室
責任編輯／高雲換
美術編輯／蔣梅馨
書盒設計／蔣梅馨
封面設計／陳柏蓉（特約）
校　　對／王桂英・李育麗・周翠玉・陳麗卿

出版・發行／香海文化事業有限公司
地址／24150台北縣三重市三和路三段117號6樓
　　　11087台北市信義區松隆路327號9樓
電話／(02)2971-6868
傳真／(02)2971-6577
郵撥帳號／19110467 香海文化事業有限公司
http://www.gandha.com.tw
e-mail:gandha@ms34.hinet.net

總經銷／時報文化出版企業股份有限公司
地址／235 台北縣中和市連城路134巷16號
電話／(02)2306-6842
法律顧問／舒建中、毛英富
登記證／局版北市業字第1107號
ISBN／978-986-6458-00-2
十二冊套書／原價3600元　典藏價2500元
　　　單本／定價 300元　典藏價 199元
2009年3月初版一、二刷 2009年8月三刷 2009年12月四刷
2013年5月初版五刷

香海文化

香海文化

香海文化

香海文化

香海文化

香海文化

香海文化

香海文化

香海文化

香海文化

香海文化

香海文化

香海文化

香海文化

香海文化

香海文化

香海文化

香海文化

香海文化

香海文化

香海文化

香海文化

香海文化

香海文化